近衞忠煇
人道に生きる

近衞忠煇
（日本赤十字社名誉社長）
聞き手・構成／沖村　豪

中央公論新社

家族と
（前列左が本人。
右が兄細川護熙。
後列右から父細川護貞、
祖母近衛千代子、
祖父近衛文麿、
祖母細川博子、
叔父近衛通隆）

夫婦で米占領下にあった
沖縄を訪問（1967年）

東パキスタン難民キャンプを視察（1970 年）

経済的混乱に陥ったソ連に救援物資を届ける（1990年）

スマトラの津波被災地を視察(2005年)

トルコのボランティアと一緒に(2017年)

平成最後の全国赤十字大会に名誉総裁をお迎えする(2018年)

国際赤十字・赤新月運動における最高位の褒章
アンリー・デュナン記章

目次——近衛忠煇　人道に生きる

第2章　日赤に入社

第3章　戦後の人道支援

第4章　赤十字運動を牽引

はじめに　デュナンと私

赤十字運動の創設者の名を冠した「アンリー・デュナン記章」をいただきました。2022年（令和4年）6月。私が国際赤十字・赤新月社連盟（The International Federation of Red Cross and Red Crescent Societies＝ＩＦＲＣ）の会長を退いてから4年半が過ぎていました。

アンリー・デュナン記章は、国際赤十字運動に貢献した個人に贈られる最高位の褒章とされます。赤十字誕生100周年を迎えた1963年（昭和38年）に創設の提案があり、6年後の第1回から2年に1度授与が行われてきました。選考の対象者は毎回5人以内で、赤十字の組織に所属しているかどうかは問われません。選考にあたるのは、私がかつて名を連ねた国際赤十字・赤新月常置委員会（The Standing Commission）です。だからといって、連盟のトップを経験すればもらえるような名誉ではありません。私は64年（昭和39年）に日本赤十字社（日赤）に入社して以来、アンリー・デュナンの説いた「人道主義」の価値を信じ、その実践に取り組んできました。そうした姿を長年見てきた世界の仲間たちが、「近衛はよくやった」と認めてくれた。その証しなのです。

私と赤十字の縁は、私自身の「生い立ち」と深く関係していると言えます。

私のルーツは、戦国武将として乱世を生き抜いた父方の細川家と、五摂家筆頭という公家の家格を守ってきた母方の近衛家にあります。時代の荒波にもまれてきた両家で育つうち、「中庸」「中道」といった知恵を自然と意識するようになりました。そこから、「公平」「中立」をうたう赤十字の原則に対する深い共感が生まれ、それが赤十字運動にかかわっていく土壌になったのです。

赤十字運動の誕生もデュナンの生い立ちが大きく影響したと言われています。

デュナンは1828年（文政11年）、スイス・ジュネーブの旧家に生まれました。両親はプロテスタント系のクリスチャンで、デュナンは特に信仰心の厚い母親の影響を受けました。少年時代から社会奉仕に参加し、27歳でYMCA（Young Men's Christian Association）の世界同盟の創設にもかかわりました。

実業家として世に出たデュナンは、アルジェリアで進めていた事業で水利権を獲得するため、フランス皇帝ナポレオン3世への陳情を思い立ち、滞在先の北イタリア・ロンバルディアを目指しました。当時31歳。1859年（安政6年）のことです。その旅先で「ソルフェリーノの戦い」に遭遇しました。「イタリア統一戦争」と呼ばれるこの戦いでは、ナポレオン3世率いるフランスとサルディーニャ王国の連合軍計15万と、フランツ・ヨーゼフ皇帝率いるオーストリア軍17万が激突しました。

深い傷を負った兵士たちが戦場にうち捨てられている惨状を目にしたデュナンは、そのまま立ち去ることができず、近隣の村人たちと協力して救護しました。これが赤十字運動の原点となったのです。

しかし、この時代には、「戦争当事者である国家が自軍の負傷者の救護に責任を持つべきだ」という考え方が存在していました。「近代看護の生みの親」と言われるナイチンゲールもそのひとりでした。デュナンのとった行動は「国家の責任放棄につながる」という非難にもさらされました。

それでもデュナンは心に宿った「戦いのなかにも慈悲を」という信念を貫きます。3年後、戦場での体験をつづった『ソルフェリーノの思い出』を自費出版し、「敵味方の区別なく人命を救う組織が必要だ」と説いたのです。近代化が進むヨーロッパでは、国家同士の戦争に市民が兵力として組み込まれ、戦場に立たされる時代を迎えていました。デュナンの訴えは大反響を呼び、人間愛を描いた文豪ビクトル・ユゴーやチャールズ・ディケンズも母国に紹介しました。

デュナンは1863年（文久3年）に同じスイス人の賛同者4人と「国際負傷軍人救護常置委員会（通称・五人委員会）」を結成しました。そこで各国にひとつ赤十字社を設立することや、その活動中には「赤十字」の標章を掲げることなどを決めました。この集まりはのちに、赤十字国際委員会（International Committee of the Red Cross＝ＩＣＲＣ）に発展しました。

さらに翌年、傷病兵の保護について定めた初の「ジュネーブ条約」が成立します。締約国はスイス、バーデン、ベルギー、デンマーク、スペイン、フランス、ヘッセン、イタリア、オランダ、ポルトガル、プロシヤ、ウルテンベルグという当時の欧州12か国。ジュネーブ条約は改正を重ね、加盟国は世界中に広がっていきました。

念願の「敵味方の区別なく人命を救う組織」を誕生させたデュナンですが、赤十字運動に入れ込み過ぎたことが原因で、自身の事業に失敗してしまいます。財産も社会的な信用も失い、五人委員会からも追われ、これ以後、デュナンの存在は世間から忘れ去られてしまいました。

デュナンの功績が正当に評価されるのは、晩年になってからでした。1895年（明治28年）にドイツの新聞記者が「国内の福祉施設に身を寄せている老人こそ、長く行方不明だった赤十字の創設者だ」と報じたのです。この報道を機にその先見性と行動力が称賛され、1901年（明治34年）に創設されたノーベル賞で、第1回平和賞に選ばれました。この9年後、デュナンは82歳でこの世を去りました。その遺言には「ノーベル賞の賞金をスイスとノルウェーの博愛事業に半分ずつ寄付する」と書いてありました。

人間同士が殺しあう戦争であっても、最低限守らなければならないことがある――。人類にとって究極ともいえるこのルールを定めた「国際人道法」の礎を、デュナンは築きました。その偉業はたたえられてしかるべきですが、「戦争を前提とした赤十字運動は、戦争をなくすという人類の究極の理想を否定するものだ」といった批判も存在します。

武力紛争、自然災害、感染症、飢餓、貧困――。私は世界のあらゆる危機の現場を踏んできましたが、改めて「人道主義ですべてが解決するのか」と問われると、イエスと断言できる自信はありません。人命や尊厳は守られなければならないと誰もが感じるべきものなのに、国家や国際社会の利害の前でいとも簡単に無視され、ないがしろにされる現実を見てきたからです。

国際赤十字・赤新月社連盟（ＩＦＲＣ）は、デュナンの唱えた赤十字思想に賛同し、世界中から集まった仲間たちが運営するボランティア組織です。私は会長に就任した時、その力を最大限引き出すため、一人ひとりに耳を傾ける「Good Listener（よい聞き手）」に徹しようと決めました。

「複雑な利害が絡む国際組織で、そんな日本的な受け身の手法が通用するわけない」。日赤で一緒に働いてきた部下たちは、そう言って心配してくれました。確かにＩＦＲＣの運営で難しい局面も経験しましたが、１９２の国や地域から集まった仲間は最終的に私のリーダーシップを支持してくれたのです。「それぞれの相違点を見極め、その先の共通項を見いだすことが、人道主義の実践の第一歩になる」。これだけは私の経験から断言できそうです。

私の誕生日はデュナンと同じ5月8日です。中学生の頃、自分と同じ誕生日の有名人が気になり、世界の偉人を紹介する事典を手にしたことがありました。そこで初めて「赤十字の父」と呼ばれるデュナンの存在を知ったのです。やがて青年期を迎え、さまざまな人とのご縁や偶然が重なり、私は「Red Crosser（赤十字人）」の一員に加わることになりました。

この本は、多くの困難や挫折を経験しながらも、多くの人と出会い、その善意に助けられ、その勇気や知恵に学びながら、人道主義の実践に挑んだ私の記録です。八十余年の歩みをふり返っていくにあたり、まずは、私の人格形成の礎となった幼少期の思い出や家族の歴史からたどらせていただこうと思います。

近衛忠煇　人道に生きる

第1章　生い立ち

２歳の頃、
旧細川邸の庭で

華族の暮らし

東京の熊本村

私は１９３９年（昭和14年）に細川護貞の次男として生まれました。母の温子は、昭和天皇から３度、組閣の大命を拝した近衛文麿の次女です。母は私が１歳３か月の時、結核を患って23歳で他界しました。ですから、私は母の顔を知りません。父は40年（昭和15年）の第２次近衛内閣と41年の第３次近衛内閣で首相秘書官を務め、義理の父である文麿をそばで支えました。

父方の祖父護立は旧大名細川家の16代当主でした。１８６９年（明治２年）の版籍奉還により、細川家は華族に列せられます。大名華族は旧領地を離れ、東京で暮らすことを義務づけられました。一族は１８８２年（明治15年）、目白台にある旧肥後（熊本）藩の下屋敷に生活の拠点を移します。そこが私の生家となりました。

現在の住居表示でいうと、文京区目白台1丁目あたり。「ホテル椿山荘の西隣です」と説明すればわかる方もいるでしょう。生家の一帯は戦前、「小石川区高田老松町」という行政地名でした。かつて、細川家の屋敷の門前に「鶴」「亀」という愛称の一対の松の名木があり、「縁起がいい」と町名の由来になったそうです。見上げるほど高く伸びたほうが「鶴」、やや低く平らに見えたほうが「亀」と呼ばれたそうです。残念ながら老松はやがて枯れてしまい、高田老松町は1967年（昭和42年）に目白台と名称が変わりました。

実母温子に抱かれて

生家の敷地は、目白通り側の高台から早稲田の神田川沿いまで、段丘状に広がっていました。その面積は3万8000坪（約12万5600平方メートル）。そこには護立が面倒を見ていた熊本出身の学生さんたちの寮、体育館、神社、馬車を引く馬などの飼育小屋もありました。確か孔雀も放し飼いにしていました。使用人は50人ほどいたでしょうか。ひっきりなしに来客があり、植木屋や大工といった職人も出入りしていた。活気にあふれていました。熊本藩の家臣だった一族も熊本から移り住んだので、細川家の屋敷は熊本弁が飛び交う「熊本村」でした。

祖父護立は1914年（大正3年）に他界した長兄護成（もりしげ）の遺言により、家督を継ぎました。その身分は侯爵で、貴族院議員を務めました。それでも、親族や屋敷の使用人たちは、当主が江戸時代の肥後藩主だった頃と同じように、護立のことを「殿様」と呼んでいました。祖母博子（かねこ）は池田詮政（のりまさ）侯爵の長女で05年（明治38年）に細川家に嫁いできました。「御前様（ごぜんさま）」と呼ばれていました。父護貞は「若殿様」でした。私と兄護熙（もりひろ）は5、6歳まで、祖父母や父、使用人たちの手で育てられました。兄弟にはそれぞれ専属の看護婦がついていました。彼女たちのあいだでは競争があったようです。私たちのどちらが先に食べ物を口にするかで揉めごとになり、つかみ合いになったという話も聞きました。

屋敷の高台側にはかつて迎賓館として使う洋館と祖父母の住む日本館がありました。洋館は片山東熊（かたやまとうくま）、日本館は木子清敬（きこきよし）と、赤坂迎賓館や明治宮殿の造営を手がけた宮内省技官によって設計されました。合わせて1000坪もあったという。「女中さんが朝早くから雨戸を開け始めても、すべて開け終わるのは昼頃になる。それからまた閉めにかかると閉め終わるのは夜になった」。使用人のあいだではそんな話も伝わっていました。残念ながら、23年（大正12年）の関東大震災でいずれも大きな被害を受けました。洋館は解体され、日本館は杉並区の眞盛寺と世田谷区の幸龍寺の2か所に移築されました。

私の記憶にある祖父母の住居は36年（昭和11年）に建て直したものでした。チューダー・ゴシック様式を基調とした洋館で、1階は迎賓館、2、3階は住居と二つの機能を併せ持っていた。1階の玄関を入ると吹き抜けの大ホールがありました。寄せ木細工の床やギリシャの神殿のようなエンタシスの柱が目を引きました。２階には数寄屋風の大広間、竹材で趣向を凝らした祖父母の居室がありました。３階は護立の書斎のほかに、御殿女中や書生、お抱えの画家や彫刻家、漆芸家、彫金師ら芸術家のための小部屋が並んでいました。

１階の応接室は大きなベランダとつながっていて、その先に広い庭園を望むことができました。そこで大勢の来客を招いた宴会やガーデンパーティーが催されました。庭園で横綱の土俵入りを見たことがあります。肥後藩主の時代に、横綱免許を与える相撲の家元「吉田司家」を招聘したいきさつがあり、戦後しばらくはこの屋敷で横綱免許の授与式が行われたのです。

プロ野球の「打撃の神様」川上哲治さんもよくいらっしゃいました。川上さんは現在の熊本県人吉市出身で郷里の英雄でした。大人たちと酒を飲んだり、麻雀に興じたりと、くつろいでいた。子供たちに優しく、キャッチボールの相手をしてくれたし、グラブやボールもプレゼントしてくれました。熊本村の住人はみんな巨人ファンでした。

細川家には伝統行事やもろもろのしきたりがありました。暮れの餅つき、正月の書き初め、七草がゆ、１月15日のどんど焼き――。年末年始は特に行事が目白押しでした。

元旦の楽しみはなんと言っても御膳です。伊勢エビや昆布を盛りつけた三方が、お座敷に運ばれてきます。「かわらけ」と呼ぶ素焼きの器にお屠蘇を注ぎ、集まった親族みんなで口をつけて新年を祝いました。

細川家の雑煮はだし汁の味付けです。餅は四角く切って焼いてある。具材はニンジン、ダイコンと分厚い削り節でした。鴨汁は味噌味で、薄切りしてあぶった鴨肉にゴボウの千切りと三つ葉が添えられていました。「御膳の縁起物には必ず箸をつけること」「吸い物はお代わりすること」。そんな作法がありました。「三が日は買い物をしてはいけない」というしきたりもありました。ただ、世間は正月2日がお買い初めです。子供たちは特例で凧やコマ、羽子板を買ってもらえました。

使用人はもろもろのしきたりに悩まされることもありました。「縁起が悪い」という理由で、細川家では「ねずみ」「からす」「坊様」は禁句でした。ところが、ご交誼のある烏丸(からすまる)さんという方が新年のあいさつにいらっしゃるのです。玄関先から大声で来客の名前を告げる取り次ぎ係は、この時ばかりはどうしてよいかわからず、弱ってしまった。そんな笑い話もありました。

文武両道の藤孝、忠興

私が知っているのは昭和に入ってからの細川家ですが、祖先を遡れば戦国大名の初代藤孝(ふじたか)にたどりつきます。

藤孝は武家政権で覇を唱えた足利、織田、豊臣、徳川の4家に仕えました。剣豪塚原卜伝(ぼくでん)から直々に手ほどきを受けた武人であると同時に「幽斎(ゆうさい)」という雅号を持つ歌人でもありました。戦乱の世を生き抜くため、時局を見極め、主君を選びながら、「文武両道」という武家の理想も貫いた。バランス感覚に長けた人物だったようです。

その長男忠興（ただおき）も文武両道を地で行く人物でした。勇猛な武将で丹後（現在の京都府北部）の大名になると、「賤ヶ岳（しずがたけ）の戦い」「小牧・長久手の戦い」「関ヶ原の戦い」と、名だたる合戦で次々と手柄を立てました。その一方で、茶聖千利休に師事し、「利休七哲」のひとりに数えられた茶人でもありました。

豊臣秀吉から切腹を命じられた利休が、京から追放される時、淀の船着き場で見送ったのは忠興と古田織部（おりべ）の２人だけでした。利休とゆかりのある諸大名が、天下人の勘気に触れることを恐れるなか、師匠への忠義を貫いたのです。細川家の家老を代々務めた松井家には、〈見送りに来ていた忠興と織部の姿を見つけて驚き有難かった〉と記した利休からの手紙が残っています。

忠興は「関ヶ原」の武功により、豊前（福岡、大分）の初代小倉藩主になりましたが、大坂夏の陣の6年後、病気を理由に隠居して「三斎（さんさい）」と号するようになりました。忠興を祖とする武家茶道「三斎流」は、現代も続いています。また、利休を祖とする千家とのご縁は、私どもの代になっても続いています。私の妹明子は利休を祖とする茶道流派・表千家の14代家元に嫁ぎました。さらに、私の妻の妹容子（まさこ）は同じく利休を祖とする裏千家16代家元の夫人です。

忠興から家督を譲られた三男忠利（ただとし）は１６３２年（寛永9年）、加藤家の改易に伴い、小倉から肥後へ転封となりました。これ以後、細川家は藩主として肥後熊本とゆかりを持つことになりました。この頃すでに徳川家による強固な幕藩体制が確立されていましたが、藤孝から数えて5代目の綱利（つなとし）は、先祖譲りの「反骨精神」を世に示しました。

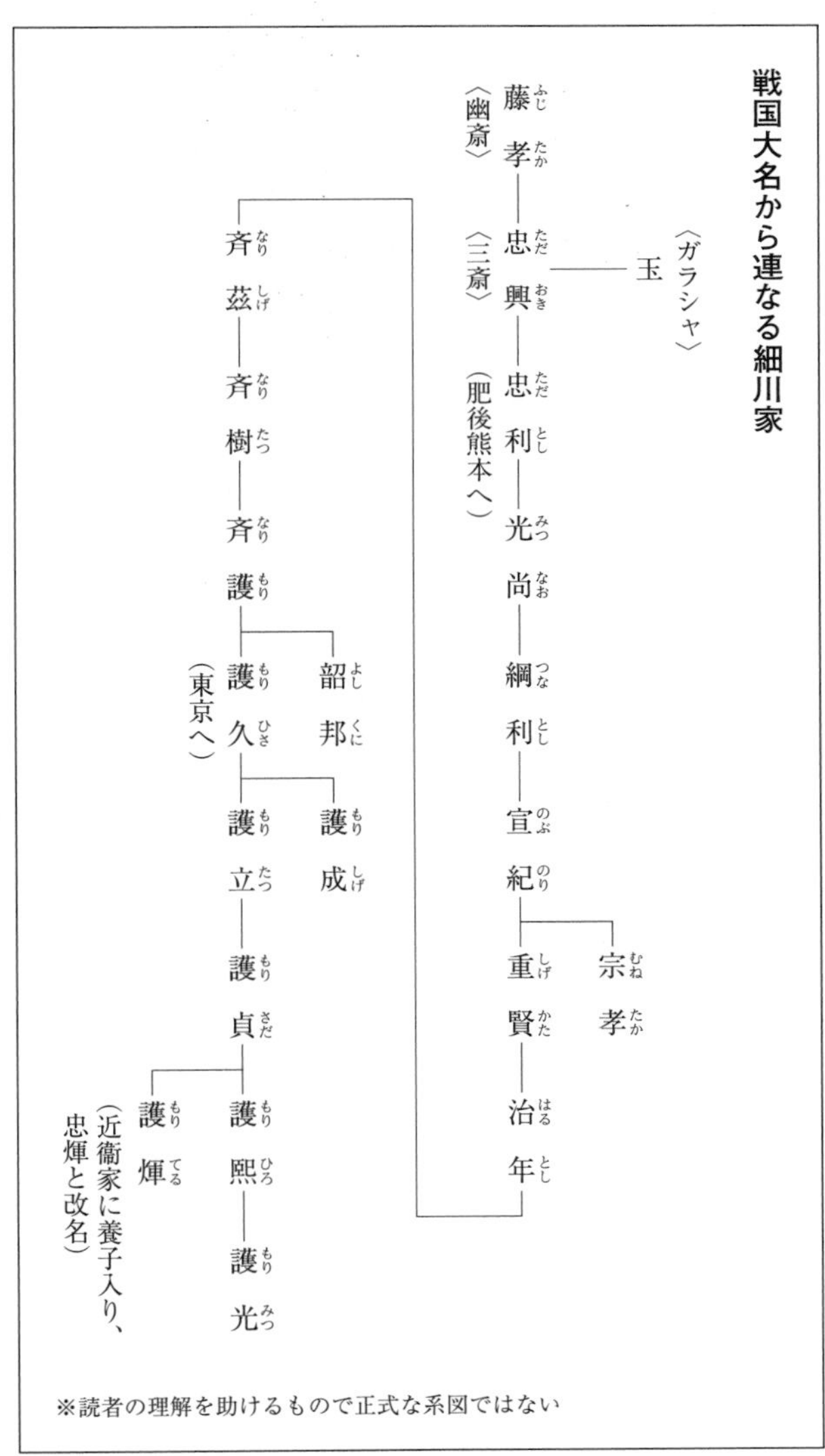

赤穂浪士を「お預かり」した時のエピソードが有名です。主君浅野内匠頭の仇吉良上野介を討った浪士たちは、幕府の処分が決まるまで、四つの大名家に分かれて預けられました。細川家は高輪の屋敷に大石内蔵助ら17人を預かりました。浪士たちは、江戸城での刃傷沙汰で主君だけが切腹を命じられ、相手の吉良がおとがめなしだったことに納得せず、その首を討ち取りました。いわば、「御公義に楯突いた科人」でしたが、綱利はこの仇討ちを義挙とたたえ、浪士たちによい部屋とよい食事を用意し、手厚く遇しました。それだけでなく、幕府に助命を嘆願し、細川家で大石たちを召し抱えたいという申し入れまでしました。幕府の御沙汰は結局、死罪でしたが、綱利は自ら選んだ譜代の家臣にその介錯人を務めさせました。江戸の庶民は、四十七士が貫いた忠義とともに、最後まで浪士へ礼儀を尽くした細川家の態度も称賛したそうです。

細川家に相撲の家元吉田司家を招いたのもこの綱利でした。吉田司家はかつての宮中行事「相撲節会」の執行役で、もとは公家の京都二条家に奉公していました。宮中の相撲は江戸時代には廃れていましたが、相撲好きの綱利が召し抱えたのです。熊本の綱利の墓の一角には大小3つの丸い石が残されています。これは綱利が持ち上げて鍛錬した力石だという伝承があります。綱利は日本の国技である相撲の興隆にも一役買ったのです。

１８６７年（慶応3年）の大政奉還で２６０年余り続いた徳川幕府も終焉を迎えます。細川家はこの翌年の戊辰戦争で新政府軍につき、藤孝から数えて14代目の当主護久が熊本藩知事に就任しました。この護久が私の曽祖父です。その四男が私の祖父護立ということになります。

美術の殿様

護立は細川家に伝わる芸術的な素養をよく受け継いだ人物でした。自らの才覚と財産を文化振興に惜しみなく注ぎ込み、「美術の殿様」という異名をとりました。

幼い頃から漢詩に親しんだ護立は、東洋美術への造詣を深めていきました。43歳の時、貴族院から国際会議に派遣されると、1926年(大正15年)から約1年半、ヨーロッパに滞在して世界中の美術の研究者やコレクター、古美術商と交流を持つようになりました。

護立の屋敷には洋の東西を問わず蒐集した名品があふれていました。絵画、書画、陶磁器、工芸品、刀剣類。庭園には仏像も並んでいた。屋敷でかくれんぼした幼時の記憶ですが、100体はあったような気がします。日本に渡った最初期のセザンヌの水彩画「登り道」もコレクションのひとつでした。護立は日本画壇と親交を持ち、多くの才能を発掘して支援しました。日本画の横山大観や菱田春草(しゅんそう)、洋画の安井曾太郎や梅原龍三郎といった巨匠たちから購入した絵が居間や食堂に飾ってありました。

横山大観先生は、上野の不忍池(しのばずのいけ)のすぐそばにお住まいでした。護立に連れられてお邪魔したことがあります。まだ早い時間でしたが、横山先生はかなり酒を飲んでいました。護立はなめる程度しかアルコールをたしなまないのですが、一緒にいてとても楽しそうでした。横山先生は第1回の文化勲章に選ばれた巨匠です。ですが私には「酔っ払いの愉快なオジサン」というイメージが強いのです。

梅原龍三郎先生は、私が日赤に入社してから仕事でお会いしたことがあります。日赤は創設100周年を迎えた1977年（昭和52年）に、日本美術界を代表する画家から作品を寄贈してもらうプロジェクトを企画しました。その担当として祖父の縁を頼り、梅原先生のご自宅にお邪魔したのです。

当時の私は係長でした。梅原先生に趣旨を説明すると、「自分はもう歳をとって筆が持てないから、このなかの1枚を持って行ってほしい」とおっしゃいました。示された3枚の作品は、ルノワール、ピカソ、ルオーという超一流画家の作品で、腰が抜けるほど驚きました。いただいたのは、ピカソが創作中の自身の姿を描いた「アトリエの画家」という作品でした。梅原先生はフランスに留学してルノワールに弟子入りした時、ピカソやルオーとも親交を結び、作品を交換しあったり、のちに彼らの作品を蒐集したりしてきたのだと説明されました。

護立の数あるコレクションで特に印象に残っているのは、江戸時代の白隠慧鶴（はくいんえかく）や仙厓義梵（せんがいぎぼん）の書画です。禅の道を究めた白隠がとらえた人間の表情。仙厓が命あるものすべてに注いだ温かなまなざし。それぞれに惹きつけられるような味わいがありました。護立はこの2人の禅僧の作品を求めて各地をめぐり、蒐集に励みました。「うん。これはいい」「これもいいなあ」。あれこれと掛け替えては、その前で腕を組み、じっと眺めて興に入る。それが護立の日課でした。

護立は伝統を受け継ぎ、守るだけの人ではありませんでした。自由や民主化を求めた大正デモクラシーの影響を受け、理想主義や人道主義を掲げた「白樺派」のパトロンでもありました。この文学運動の中心にいた志賀直哉や武者小路実篤（むしゃのこうじさねあつ）は、護立とほぼ同年配の学習院の同窓生でした。細川家には、護立に金の無心をする実篤からの手紙が残っていました。

文化芸術への造詣が深い護立は、日本の文化行政を牽引する役目も果たしました。国宝保存法が29年（昭和4年）に制定されると、国宝保存会会長に就任します。敗戦による文化財の散逸や荒廃を救うため、50年（昭和25年）に文化財保護法が制定されると、文化財保護委員会委員に就任しました。ほかにも、美術行政顧問、日本美術協会顧問、国立博物館顧問、文化勲章受章者選考委員などの役職を引き受けました。

勇猛さ誇る気風

私はそんな祖父の姿を通じて、乱世にあっても文化芸術を愛した幽斎や三斎の心根に触れたような気がします。さらに、熊本村の暮らしを通じ、戦国大名の血を受け継いでいるのだという自負心も植えつけられました。細川家には、勇猛さを誇り、競い合うような気風も色

父護貞、兄護熙（右）と

濃く残っていたのです。

子供たちはよく屋敷内を駆け回ってチャンバラごっこをしました。「若様」と呼ばれていた兄護熙が大将役でした。「テル様」と呼ばれた私はほかの子たちと同じように「その他大勢」の役回りでした。武家の習わしなのか、長男と次男の扱いに差がありました。

親類縁者の集まりでよく耳にした武勇伝があります。披露していたのは、日露戦争で、大おじ長岡護全（もりはる）の従者だった方です。ピンと左右に伸びる立派な髭がトレードマークで、熊本村では「ヒゲの将軍」と呼ばれていました。子供だった私には、登場するのが楽しみなキャラクターのひとりでした。確かこんな話でした。

「殿さん（護全）が、敵の動きを見ようと前屈みになって双眼鏡をのぞいたら、そこを狙われて撃たれてしまった。その銃弾は殿さんが突き出した尻の二つの山を真横に貫通した。それで、殿さんの尻の穴は五つになってしまったばい」

護全は祖父護立の2番目の兄です。幼少時に大正天皇のご学友になり、15歳で叔父の長岡家の養子に入りました。陸軍士官学校を卒業後、１９０４年（明治37年）に日露戦争に出征しました。戦場で武功を挙げたものの遼陽会戦で命を落としました。

当然のことながら、護全の武勇伝は脚色されていたでしょう。それでも大人たちはお決まりの座談に目を輝かせていました。オチにさしかかると、待ちかねたように「わあっ」と声を上げて大笑いするのです。

私の幼児期は、日中戦争から太平洋戦争へと戦火が拡大していった時代と重なります。それでも熊本村の日々は、色あせることのない楽しい記憶として、いまも胸に刻まれています。

文麿と戦争

1941年（昭和16年）12月8日、ついに日米開戦に至り、私たち家族の暮らしは大きく変わりました。

父護貞は前年に誕生した第2次近衛内閣で、首相秘書官に就任しました。続く第3次近衛内閣で日米の衝突を回避する交渉を進めましたが行き詰まり、41年10月に総辞職しました。それに伴って父も無役になった。次の東條内閣でアメリカ、イギリス、オランダへの開戦が決定しました。

私たち家族は、いずれ連合国軍の攻撃対象になるであろう帝都東京を離れ、疎開することになりました。父は兄と私を連れて軽井沢、京都、鎌倉と、転々としました。その間、空襲に備えて防空壕を掘り、食料自給のために庭で畑を耕しました。鎌倉では材木座に住んだの

祖父文麿（右端）、父護貞、兄護熙（右から２人目）と

で近くの海で投網漁もした。そうやって幼い兄弟を守り、育ててくれました。

父は戦争末期の45年（昭和20年）5月に再婚しました。相手は細川家の遠縁で代々家老を務めてきた松井家の長女薫子（ただこ）でした。新しい母を迎えた私たち一家は、京都南禅寺の別邸に移りましたが、暮らしぶりはなかなか落ち着きませんでした。8月6日、広島に原爆が落とされます。「西も危ない」ということで、次は長野県軽井沢の別荘に向かいました。列車で通りかかった名古屋の街は、米軍の大空襲で焼け野原になっていました。焼け落ちた名古屋駅の無残な姿を見て、子供ながらに日本の敗戦を感じとった気がします。

終戦の日を迎えることになった軽井沢は、細川、近衛両家の別荘があり、親しい人々が集まって賑やかに過ごした思い出の地でした。祖父文麿を一番身近に感じることができたのも、軽井沢でした。

文麿と一緒に車に乗り込み、東京から軽井沢に向かったことがありました。埼玉県の深谷にさしかかったところで、私は車に酔って文麿がとっさに差し出したシルクハットのなかに「げろげろっ」と吐いてしまった。「近代日本経済の父」と呼ばれる実業家渋沢栄一の生まれ故郷「血洗島(ちあらいじま)」の近くでした。

その地名の由来は諸説ありますが、平安後期、奥州征伐に向かった源義家の家臣が切り落とされた片手をこの辺りで洗ったという伝承があるのです。義家がかつて仕えた藤原頼通は、父道長とともに摂関政治の全盛期を築きました。かたやその末裔の近衛文麿は、血洗島の道ばたの井戸で孫に汚されたシルクハットを洗ったというわけです。

帝都の喧騒から逃れて軽井沢の別荘で過ごす文麿は、くつろいで見えました。夏はふんどし姿で庭木にわたしたハンモックに寝転んでいました。来客があると、庭で会食をしました。その席でお相伴にあずかった地元の老舗の天ぷらの味は格別でした。

高原の澄み切った空気に包まれ、ゴルフに興じ、親しく食事を囲むこうした日々は、華やいで見えました。ただ、別荘の敷地の外では、軍服姿の憲兵がこちらを窺うようにして立っていました。文麿は退陣後、首相としては成し遂げられなかった早期和平を模索します。それは戦線拡大を容認した東條内閣の打倒を意味しました。憲兵を使って言論活動を取り締まり、政敵を弾圧した東條首相は、文麿やその支持者の動向にもこうして目を光らせていたのです。

日本の敗戦から4か月後の45年12月16日。文麿は自ら命を絶ちました。連合国軍総司令部（GHQ）から、A級戦犯の容疑者として出頭を命じられていたその日のできごとでした。近衛内閣が懸命に模索した和平の道を閉ざしてきた米国側によって、自身が裁かれることを潔しとしなかった。父護貞は戦争末期、文麿の命で軍部、政治家、宮中の情報を収集し、昭和天皇の弟君高松宮殿下の終戦工作をお助けする任に就きました。敗戦から30年余り過ぎた78年（昭和53年）。護貞は43年（昭和18年）から46年にかけて見聞きした、日本の中枢のできごとを余すところなくつづった『細川日記』を刊行しました。

文麿を失った翌日の日記には、次のような一節が書き残されています。〈余は更めて（文麿）公の聡明と勇断に、最上の敬意を表する〉

私は6歳で終戦を迎えました。いつどのように対面したのかはあやふやですが、文麿と最後のお別れをした記憶があります。葬儀場で見かけたのは黒い服の男性ばかりで、女性はほとんどいなかったことも覚えています。日本の戦争指導者を訴追するＧＨＱの動きが大詰めを迎えていた時期で、みんな恐ろしくて外出を控えたのだと思います。

敗戦と細川家

祖父護立が守ってきた細川家の暮らしぶりも、敗戦によって様変わりしました。

護立は戦争中、美術工芸品のコレクションを熊本に疎開させましたが、自身は目白台の屋敷にとどまり続けました。米軍の空襲で南側の早稲田一帯は焦土と化しましたが、神田川で隔てられた細川家の屋敷はかろうじて延焼を免れました。終戦後の一時期、一条家や南部家

和敬塾本館として使われている旧細川邸

といった親類も目白台の屋敷に身を寄せていました。
高台側の洋館はやがてオランダ軍によって接収されてしまいました。設計や資材など護立のこだわりが詰め込まれた大切な屋敷でしたが、進駐軍の前ではなすすべもありません。私たちはその洋館を「オランダ屋敷」と呼ぶようになりました。祖父母はその後、高台から下った敷地に建つ和風家屋「松聲閣（しょうせいかく）」に移り住みました。
47年（昭和22年）に施行された新憲法は〈すべて国民は、法の下に平等であつて、人種、信条、性別、社会的身分又は門地により、政治的、経済的又は社会的関係において、差別されない〉と定めました。これにより、さまざまな特権が認められていた「華族制度」は廃止されました。
細川家も一般国民として再スタートすることになりました。GHQの農地改革により、手広く所有していた土地も次々と売却していきました。軽井沢、京都、熊本の土地や別邸、かつての植民地朝鮮半島に所有していた農場も手放しました。家族や使用人たちを養うため、護立は書画や美術工芸品のコレクションの一部も売りました。

52年（昭和27年）に日本が独立を果たすと、オランダ軍も目白台の屋敷から去って行きました。その3年後、護立はオランダ屋敷とその周辺の敷地約7000坪も売却しました。そのお相手は製氷・冷蔵事業を手がける実業家前川喜作さんでした。戦後の人心荒廃を憂慮した前川さんは、国内外から集った学生たちが人間形成を目指しながら暮らす寮「和敬塾」をそこに建てました。細川家の本邸だった洋館は往時のまま保存され、98年（平成10年）に「旧細川侯爵邸」の名称で東京都の有形文化財に指定されました。

素養を育む

戦後の鎌倉、横須賀

戦後は高校卒業まで鎌倉で育ちました。兄と一緒に地元の師範学校附属小学校に通い始めました。強烈に覚えているのが教科書の墨塗りです。「この敗戦で日本は民主主義国家に生まれ変わったのです」。そう言う先生の指示で、「戦争中に戦意高揚を助長した軍国主義的な記述」なるものは、すべて墨で塗りつぶされました。

それなのに、当時の校長先生は、旧日本軍の軍人精神を彷彿とさせる旧態依然の教育方針だったのです。ひたすら鉄棒で懸垂をさせるような「軍隊式」の授業もあった。父護貞は、戦争を終わらせるために軍閥と闘った人です。「けしからん。息子たちをそんな学校に通わせるわけにはいかない」と怒ってしまった。それで兄と一緒に転校することになりました。

3年生になった1948年（昭和23年）から、横須賀の清泉女学院小学校（69年に清泉小学校に改称）に通い始めました。清泉小はスペインで誕生したカトリックの聖心侍女修道会の運営校です。開校に協力した細井次郎先生のお人柄に父が惚れ込み、我が子の教育を任せることに決めたのだと聞きました。師範学校附属小学校では下駄で登校していましたが、清泉小には運動靴を履いて通うようになりました。

細井先生はカトリック信者で、成城学園の教師だった戦前、日本で学校の開設を進める修道会に協力しました。38年（昭和13年）8月には中国のカトリックグループが中国に創設した「北京輔仁（ほじん）大学」に赴任しました。ここは前年の盧溝橋事件を機に日本軍の管理下に置かれた私立大学でした。細井先生は中国の文化や教育に敬意を払ったそうです。中国人学生には、無理やり日本語の勉強を押しつけず、また、軍部が期待したような政治活動にも消極的でした。「学識高く人格高潔な先生」と中国人学生からも慕われた教育者でした。

当時の清泉小の校舎は、旧海軍工機学校の跡地に建っていました。いまで言うと横須賀港の三笠公園のあたり。この公園には、日露戦争を勝利に導いた連合艦隊の記念艦「三笠」が保存されています。司令長官東郷平八郎が指揮を執った旗艦で、皇居に艦首を向けて固定されていました。ただ当時は占領期です。ソ連の圧力で艦橋や大砲、煙突、マストなどの構造物が撤去され、そこに米兵相手のダンスホールが建てられたこともありました。有志による復元運動により、「三笠」が現在のような威容を取り戻すのは61年（昭和36年）のことです。

この近くに進駐してきた米海軍の基地があり、漏れ出した重油のにおいが一帯に漂っていました。街の商店街「ドブ板通り」には、進駐軍相手の土産物屋や飲食店、洋品店が並んでいました。米兵目当ての女性が通りに立っていました。肩を組んだり、抱きついたりしている男女を遠巻きにして、友達と一緒に冷やかしたこともありました。

鎌倉の自宅そばの材木座海岸で米兵たちがよく騒ぎを起こしました。海辺にジープを乗り入れ、水しぶきを上げて走り回るのです。日本人が「キャー」と声を上げて逃げ惑っていました。子供だった私には、遊んでいるように見えました。私も同世代の子供たちと同じように、「ギブ・ミー」「ギブ・ミー」と米兵を追いかけては、チョコレートやガムをもらって喜んでいました。

こうした光景は、父のような大人には苦々しく、屈辱的に映ったことでしょう。改めてふり返ると、被占領国の悲哀を目の当たりにした少年時代でした。

ガラシャのこと

清泉小に入学した私たち兄弟は、「Madre（マドレ）」と呼んでいた先生たちから、戦国大名忠興の妻玉（洗礼名ガラシャ）の信仰心や夫婦の絆の話をよく聞かされました。マドレというのはスペイン語の「修道女」に対する敬称です。

玉は明智光秀の三女でした。織田信長の薦（すす）めで忠興に嫁ぎますが、父光秀が本能寺の変で信長を討つと、「謀反人の娘」という烙印を押されてしまいます。一時は離縁させられ、幽閉や軟禁という苦難を経験するなかで、キリスト教に救いを求めます。受洗してガラシャと名乗るようになりました。

関ヶ原の戦いが迫るなか、忠興とガラシャは難しい立場に置かれました。細川家は徳川家康の東軍につきました。忠興が西軍の上杉景勝討伐に向かっているあいだに、大坂玉造の屋敷は西軍を率いる石田三成方に囲まれてしまいます。屋敷の留守を預かっていたガラシャは、三成方から人質になるよう求められましたが、死を選びます。「自分の不在時に万が一のことがあったら命を絶つように」という夫の命を守ったのです。自殺を禁じるキリスト教の教義に従い、家老に自らを討たせました。

散りぬべき　時しりてこそ　世の中の　花も花なれ　人も人なれ

こんな辞世の句を残したガラシャは、「絶世」と称された美貌も相まって、戦国の世を美しく力強く生きた女性として語り継がれています。関ヶ原で奮戦した忠興はその恩賞で得た九州の豊前豊後の所領でキリスト教の普及を認めました。当時のイエズス会の報告書は、夫の名誉と家康を守るため、キリシタンとして命を差し出したガラシャに対する感謝の表れだと、伝えています。

私の兄護煕は、98年（平成10年）に国会議員を辞して政界から引退した時、ガラシャの辞世の句を引用して自身の心境を表現しました。覚えている方もいらっしゃると思います。ただ、清泉小に通っていた当時の私たち兄弟には、ガラシャの生き方に共感するほどの理解力はありませんでした。大変申し訳ないことでしたが、マドレたちから聞いた話は、右の耳から左の耳へと抜けていきました。

大人の見識

清泉小を卒業した後も中学高校と横須賀に通いました。イエズス会が運営する栄光学園に進んだのです。清泉女学院と栄光学園はいずれも47年（昭和22年）に横須賀に設立されました。キリスト教精神の普及によって民主化を進めた、米海軍横須賀基地司令官デッカー大佐の意向が背景にあったそうです。

栄光学園の校長はドイツ人のグスタフ・フォス神父でした。有名な初代校長です。生徒全員の名前を覚えていて、気になる生徒の家をまめに訪問してくれました。当時の日本は「子供のことは母親任せ」という家庭が一般的でしたが、「教育は父親にこそ責任がある」という理念を広めておられた。

ただ、その教育方針はドイツ流のスパルタ式で厳しかった。真冬の朝、上半身裸で体操や行進をさせられました。生活指導も厳格で、「ポケットに手をいれるな」「髪に油を塗るな」

とこと細かく注意され、爪や持ち物のチェックも行われました。私はこうした校則がどうも納得できませんでした。

高校に進み、新聞部の論説委員になると、「正しい規律と無味の現実」と題した署名記事を書き、意味のない校則だと批判しました。学校の友達から「退学になるのではないか」と心配されましたが、フォス校長はある日、全校生徒を集めた朝礼で「非常によい論説だった」と私の記事を褒めてくれました。

栄光学園は当時から中高一貫の進学校でしたから、大学受験が近づくにつれて学校生活は勉強一色になっていきました。同級生たちは、授業の休み時間や通学の電車のなかでも、教科書や参考書を開いていました。私はそういう〝ガリ勉〟は格好が悪いと毛嫌いしていました。

卒業するまで新聞部の活動を続けました。シェークスピアの英語劇に出たし、体育祭も張り切って出場しました。フォス校長はそんな私を面白がり、校舎で会うと何かと声をかけてくれました。教育方針は厳格でしたが、生徒一人ひとりに愛情を注いでくれました。尊敬すべき教育者でした。

兄護煕は栄光学園の校風が合わず、高校で学習院に転校しましたが、私は卒業できたので、小中高とカトリック系の教育を受けました。キリスト教一辺倒にならないようにという配慮なのか、祖父護立が私たち兄弟のため、懇意にしている高僧に紹介状を書いてくれました。

兄と2人で比叡山や高野山、法隆寺をめぐり、仏教の説法を聞きました。

父護貞からは『論語』や『古今和歌集』の素読を習いました。細川家の初代藤孝（雅号幽斎）は「古今伝授」を任された歌詠みでもありました。古今伝授とは、平安時代に醍醐天皇の勅命で編纂された古今和歌集の解釈を相伝することです。時を経て流派が分かれていきますが、これを集大成したのが幽斎でした。1600年（慶長5年）には、正親町天皇の孫智仁親王に古今伝授をしました。その年に関ヶ原の戦いが勃発します。徳川方の幽斎の田辺城は石田三成方に包囲されますが、智仁親王の兄後陽成天皇が古今伝授の断絶を惜しみ、その勅命で城の包囲が解かれたという逸話も残っています。残念ながら私はそれほど興味が湧かず、古今和歌集の勉強は長く続きませんでした。

私の思春期は戦後の混乱期と重なりましたが、祖父や父、フォス先生と、見識ある大人たちに見守られ、多様な価値観に触れながらのびのびと育つことができました。

ゆかりの学習院大学へ

1958年（昭和33年）4月に学習院大学政治経済学部に入学しました。

細川の祖父護立や父護貞は、旧制学習院のOBです。近衛の曽祖父篤麿は明治時代に第7代学習院長を務めました。「細川の兄弟のどちらかは学習院大学に入ってほしい」。そんな親族の期待に応える形になりました。

学習院の起源は江戸後期の１８４７年（弘化4年）に遡ります。天皇のお住まい京都御所の東側に、公家の教育機関として設置されました。この2年後、孝明天皇から「学習院」と書かれた直筆の額の下賜を受けました。これが学校名になりました。学習院が東京に移ったのは77年（明治10年）のことです。神田錦町に開設された華族学校が、明治天皇の勅諭により京都の学習院を継承することになりました。学習院の創立はこの時とされます。

学習院は戦後の１９４７年（昭和22年）、学校教育法と教育基本法の施行に伴って私立学校になりました。大学の開設はその2年後です。ですから私は、創立10年目の新しい大学に進んだことになります。私が入学した58年というのは、学習院大の歴史上、「奇跡」と呼ばれるできごとが起こった年でした。硬式野球部が、東都大学1部リーグで初優勝を遂げたのです。いずれも格上と目されていた中央大学と日本大学とのあいだで、三つ巴(みどもえ)の決定戦を3回もくり返すという、稀にみる激戦を制したのです。母校をとても誇らしく感じました。

大学の4年間は、輔仁(ほじん)会音楽部に所属しました。輔仁会は大学公認の課外活動を総括する組織で、その名称は論語の「君子以文会友、以友輔仁（君子は文をもって友と会し、友をもって仁をたすく）」に由来します。私は男声合唱団と混成合唱団に所属しました。当時は学習院の高等科や短大の生徒も団員として一緒に活動していました。宗教音楽の権威と呼ばれた前田幸市郎先生をはじめとして、来日したアルビド・ヤンソンス、ペーター・マークといったマエストロに指揮してもらったこともありました。その華麗なタクトさばきでブルックナーやヴェルディ、ベートーベン、ブラームスのミサ曲を歌えたのは、大きな喜びでした。

学習院のOBでは、篤麿の次男で文麿の異母弟の秀麿がいます。秀麿は国内初のプロの交響楽団を設立した人物で「日本のオーケストラの父」と呼ばれました。近衛家には音楽好きの血も流れているのか、私は60歳の還暦を迎えた頃、「六本木男声合唱団（六男）」に加入しました。団長は作曲家の三枝成彰（しげあき）さんです。団員は各分野で気を吐く「オジサン」たちで、その職業は医師や弁護士、俳優、起業家とさまざま。「先生！」と呼ぶと半数が、「社長！」と呼ぶと3分の1がふり返るようなメンバー構成でした。私は低く響く声なので、バスのパートを担当しました。

六男では公演活動にも参加しました。２０１１年（平成23年）には、国際赤十字・赤新月社連盟（ＩＦＲＣ）総会の公式イベントとして、ジュネーブのヴィクトリアホールの舞台に立ちました。大友直人さんの指揮で「最後の手紙」という合唱曲を歌いました。第二次大戦の戦没者の手紙や手記を編纂した『人間の声』という本を読み、心を動かされた三枝さんが、作曲した作品でした。この公演のテーマは平和への願いでしたが、11年3月に東日本大震災が発生し、各国の支援に対する感謝を伝える場にもなりました。私はＩＦＲＣ会長として、会場の確保や楽団の手配も引き受けました。伝統あるスイス・ロマンド管弦楽団で活躍していたファゴット奏者加藤哲雄（のりお）さんとは旧知の間柄だったので、協力をお願いすると、楽団の有志とともに演奏に参加してくれました。

学生時代はキャンパスを離れても音楽部の仲間と一緒でした。父護貞が20万円ほどで購入した中古車を借り、みんなで京都まで旅行したことがあります。東名高速道路の着工は1962年（昭和37年）、全線開通は69年ですから、国道や県道の下道を延々と進むほかありません。箱根の山道で崖側すれすれを走り、大きなトラックとすれ違うたびに「転落して死ぬんじゃないか」と冷や冷やしました。エンジンは故障するし、タイヤもパンクする。当時と比べ、格段に飛躍した日本の車社会しか知らない現代の若者には、想像できないようなひどいドライブでした。しかも学生は貧乏というのが通り相場でした。「ガソリン代があと10リットル分しかない」「飯代はどうするんだ」と、道中の車内は大騒ぎでした。さしたる目的もない、行き当たりばったりの旅でしたが、それが何とも楽しく、仲間との結束も強まった大切な思い出になりました。

大学2年に進むと、60年安保闘争が盛り上がりました。学習院の学生もご多分に漏れず、国会を包囲したり街を練り歩いたりと、デモに参加しました。私は学生運動とは距離を置いていました。敗戦の反省に立ち、日本が戦争を放棄したのは有意義なことだ。ただ、いざ攻められた時の備えは必要じゃないか。やはり安全保障条約は改定しておいたほうがいい。自分なりにそう考えて、音楽部の仲間たちから誘われてもデモには参加しませんでした。私のような学生は少数派でしたが、納得できないことにはおつきあいしない。私にはそんな頑固なところがありました。

鑑識眼を磨く

学習院大で学んだ4年間は目白台の細川の本家に住まわせてもらっていました。ですから、野球部が初優勝した時、すぐそばの目白通りで行われた祝賀パレードの熱狂ぶりも目に焼きついています。

その2年前の56年（昭和31年）。祖父護立は「下御殿」と呼んでいた和風家屋松聲閣を出ました。家政をやりくりする事務所として使っていた洋館に移り住んだのです。私はそこで4年間、祖父母と一緒に暮らしました。当時も本家には、家政の担当者が2人、お手伝いの女性が数人、料理人や運転手がいました。来客の層は戦前と変わらず幅広かった。著書『タテ社会の人間関係』がベストセラーとなった社会人類学者の中根千枝さん、随筆家で骨董愛好家でもあった白洲正子さん、美術好きの新橋の芸者さん、海外からは、20世紀フランスの代表的作家でド・ゴール政権の文化担当大臣も務めたアンドレ・マルローもやってきました。

休日には祖父護立のお供をしました。銀座の資生堂パーラーや千疋屋で昼食を済ませた後、壺中居（こちゅうきょ）や繭山龍泉堂（まゆやまりゅうせんどう）といった有名な古美術店に向かいました。そこで催されている展覧会を見て回るのです。祖父の美術サロンのメンバー浅野長武さんが館長を務める東京国立博物館にも足を運びました。浅野さんは安芸広島の浅野家の16代当主でした。祖父と同じようにかつては侯爵で、やはり「殿様」と呼ばれていました。

祖父護立から兄護熙（右）と一緒に薫陶を受けた

展覧会場に足を踏み入れた護立が展示品の前で立ち止まることはありません。「美術の殿様」が立ち止まったところを見られ、その作品の評価に影響するようなことを避けるためでした。謹厳な祖父らしい配慮でした。私は黙ってその後ろをついて歩きます。一通り見終わった時、祖父の頭にはすべての作品の良し悪しが入っていて、その一つひとつを私に語り聞かせてくれました。

「物も人も正しく見分ける鑑識眼を磨かなければならない」

それが「美術の殿様」の教えでした。

学生時代に祖父母と暮らした洋館は現在、細川家に伝わる美術工芸品や古文書を所蔵する「永青(えいせい)文庫」として使われています。その名称の由来はいずれも京都の建仁寺塔頭(たっちゅう)「永源庵」（現在の正伝永源院）と「青龍寺城」（現在は勝竜寺城公園として整備）にあります。建仁寺は初代藤孝からさらに遡ったご先祖の菩提寺です。青龍寺城は藤孝のかつての居城でした。護立がそれぞれ最初の文字からとって名づけました。

永青文庫は50年（昭和25年）に財団法人の認可を受けました。所蔵品は計9万4000点に及び、そのうち8件は国宝、35件は重要文化財に指定されています。

国宝の「金銀錯狩猟文鏡」は、中国の戦国時代（紀元前5世紀〜紀元前3世紀）の銅鏡のなかでも「逸品中の逸品」とされます。その価値を見抜き、蒐集した護立にちなみ、「細川ミラー」の名でも広く知られています。「古今伝授の太刀」の異名を持つ「太刀　銘『豊後国行平作』」も国宝です。藤孝が関ヶ原の戦いで三成方に包囲されたお話をしました。この時、天皇の勅使を務めた烏丸光弘に対し、講和の御礼として古今伝授を行い、この太刀を贈りました。その後、人手に渡って競売にかけられましたが、護立が買い戻したのです。

武張った細川家の気風をいまに伝える重要文化財も残されています。織田信長が忠興に送った感状は、反旗を翻した松永久秀の城に一番乗りで攻め込んだ忠興・興元兄弟の手柄をたたえる内容です。信長の自筆と確認できる唯一の書状とされています。剣豪宮本武蔵の水墨画「鵜図」も所蔵品のひとつです。武蔵は1640年（寛永17年）に3代目忠利から客分として招かれました。晩年を肥後熊本で過ごし、兵法の極意をまとめた『五輪書』を執筆したほか、優れた書画も残しました。

護立は先祖伝来の書状や自ら蒐集した名品に囲まれて、1970年（昭和45年）に87歳で永眠するまでこの洋館で暮らしました。永青文庫の収蔵品が一般に公開されるようになった

往時のたたずまいを伝える松聲閣

のは、祖父の死から2年後のことです。

目白台とのご縁

神田川方面に下った敷地に建つ松聲閣は、私が目白台で祖父母と同居していた頃、周辺の日本庭園と一緒に東京都に売却されました。ほぼそのままの姿で保存されることになり、1961年（昭和36年）から、「新江戸川公園」として一般に開放されました。

松聲閣は、私の実母温子（よしこ）が結核になるまで、家族が一緒に暮らした家でした。大人になって久しぶりに懐かしい庭園を歩いたことがあります。公園を管理する女性と立ち話をしていたら、「部屋も昔のままにしてあるが、夜中に母親のような姿をした影が現れ、幼子を呼ぶ声がする」と言うのです。確か、温子が息を引き取ったのは夜だったと聞きました。私はまだ1歳ちょっとだったのでその面影を知りませんが、この世に残してきた幼い兄弟を哀れみ、会いに来てくれたのかもしれません。そんな風に思うと胸に迫るものがありました。

新江戸川公園は２０１７年（平成29年）に「肥後細川庭園」と改称されました。松聲閣では2年前から、細川家で使われていた大火鉢を展示しています。松を輪切りにしたもので楕円形の長径は1メートル近く。底面に「亀」の朱書きがあるので、細川邸の2本の老松のうち、「亀松」をもとに作ったとみられています。この庭園一帯の自治会は１９５６年（昭和31年）に結成された「高田老松町会」といいます。いまも目白台と細川家のご縁を大切にしてくださっていることに大変感謝しております。

世界に雄飛

ロンドン留学

１９６２年（昭和37年）春に大学を卒業した後、２年間、英国に留学しました。学習院大４年生の時、上智大の夜学に通い、英語のレッスンを受けて準備しました。当初は米国に留学するつもりでした。第１候補は、私の実母温子（よしこ）の兄で近衛家の伯父にあたる文隆（ふみたか）が、かつて在籍した米国のプリンストン大でした。しかし、留学費用を調べてみると、米国は大学の学費や船賃が高くつくことがわかりました。そこで比較的割安な英国を選びました。

日本人の外貨使用や海外渡航に制限があった時代でした。父護貞が懇意にしていた熊本日日新聞の社長小崎邦弥さんが、留学する私のため、「海外の活動で役に立つかもしれない」と新聞記者の身分を与えてくれました。父は英国までの船賃と当座の生活費を用立ててくれました。「あとは知恵を絞って自分で何とかしろ」と言って私を送り出しました。

62年5月。神戸で大阪商船のアリゾナ丸に乗り込み、8か国に寄港しながら計40日かけて英国を目指しました。スエズ運河にさしかかった頃、小崎さんが亡くなったことを知らせる電報が届きましたが、熊本日日新聞から「新聞記者の身分はそのままでよい」というご配慮をいただきました。

英国に着いた当初、私はオックスフォード大で学ぶつもりでした。父護貞とともに文麿の首相秘書官を務めた牛場友彦さんの母校で、牛場さんが知り合いの教授を紹介してくれたのです。さっそくオックスフォードに出向いて教授の話を聞きました。「東大卒以外は語学研修に1年、そこから試験に合格して修士課程に進んだとして、さらに2年はかかるであろう」と言われました。日本から持ち出せた外貨に制限があり、自力で資金を工面しようにも、3年間も留学を続けるのは難しそうでした。オックスフォード大は諦めました。

英国の国際文化交流機関「ブリティッシュ・カウンシル」を訪ね、留学先について相談すると、「ロンドン・スクール・オブ・エコノミクス・アンド・ポリティカル・サイエンス（LSE）」を薦められました。LSEは1895年（明治28年）設立の社会科学に特化した大学です。ロンドンの街中にあるキャンパスは、自然豊かな郊外のオックスフォード大と比べると、かなり趣が違いましたが、経済学を中心とした専門教育には定評があります。これまでに卒業生や教員計18人がノーベル賞に選ばれていて、このうち13人が経済学賞を受賞しています。

ＬＳＥが留学生向けに設けたゼネラルコースで学ぶことを決めました。最初の1年間は授業に出て、次の1年間は自分で好きなように勉強してよいという説明を受けました。英国の伝統的な個人指導「チュートリアル」も経験しました。毎月決まった日に教授と1対1で会い、前回出された課題や「読むように」と薦められた本の内容についてディスカッションするのです。ＬＳＥの授業もチュートリアルもレベルが高く、当初は苦戦しましたが、2年後には留学の成果として、日本、英国、中国の国際関係について考察した論文をまとめることができました。

私が留学2年目を迎えた63年（昭和38年）の11月に、あのケネディ暗殺事件が起こりました。ジョン・Ｆ・ケネディ米大統領はＬＳＥとゆかりのある人物でした。35年（昭和10年）にロンドンにやってきて留学の申し込みを済ませましたが、その直後に病気になってしまい、授業を受けることなく、帰国したという逸話があったのです。ですから、ＬＳＥはケネディのことを「Almost Alumnus」と呼んでいます。「卒業生になるはずだった人」といったニュアンスでしょうか。

ケネディは大統領に就任して3年目で暗殺されました。まだ46歳だった。選挙で選ばれた米国史上最も若い大統領で、さわやかなルックス、エリートらしからぬ親しみやすい人柄は、米国民だけでなく世界中の人々を魅了しました。演説も上手で、彼が語る理想や夢は明るい未来の到来を予感させました。兄護煕も大ファンで、のちに政治家になると、ケネディのスタイルを取り入れました。記者会見に臨む時、手にしたペンで質問を受ける記者を指したのも、尊敬するケネディをまねたしぐさでした。

私も新時代のリーダーとして好感を持っていたので、「ケネディ暗殺」のニュースを知った時はショックを受けました。LSEの「先輩」でもあるので、なにか弔意を示したいと思い、ロンドンの中心部メイフェアにあった米国大使館に向かいました。隣接する公園「グロブナー・スクエア」にさしかかると、記帳を待つ人々の長い列が見えました。その列に加わって順番を待つあいだ、前後からすすり泣きが聞こえてきて、私も悲しくなりました。

通訳アルバイト

この留学中、いろいろな意味で身になった経験のひとつが、通訳のアルバイトでした。「イギリスに来る日本人の通訳をやってみないか」と声をかけられ、飛びついて始めました。当時は、日本から外貨を送ってもらうにも制限があったので、少しでも現地で稼ぐ必要がありました。

日本からやってきた老僧の通訳で大失敗しました。

「臍下丹田(せいかたんでん)とはへその下に力を入れることである」

英国の仏教団体の会合で、老僧がそんな話を始めました。漢方の医学書に登場するような聞き慣れない言い回しだったので、私は虚を衝かれてしまいました。「アンダー・ザ・ネーブル」というフレーズの後がどうにも出てこない。ネーブル（navel）は「臍（へそ）」「臍状のくぼみのあるオレンジ」両方の意味があります。英国人の一行は「オレンジの木の下」とでも受けとったのか、けげんそうな顔をしています。かたや老僧は「英国人の前で禅の教えを披露できた」と満足げだったので、「まあいいか」と、そのままうやむやにしてしまいました。老僧はかなり偉い方だったと後から聞きました。若気の至りとはいえ、申し訳ないことをしてしまったと思っています。

日本から来たビジネスマンの通訳のアルバイトは楽しかった。毛皮会社の社長さんの買い付けの手伝いをしました。英国を飛び出し、ベルギーやオランダの加工工場の視察にも同行しました。フランスで最新のファッションをチェックするため、「街角のカフェに陣取って日がな一日パリジェンヌを眺める」というラッキーな仕事もありました。

こうした現地調査は決して無駄ではなかった。ロンドンの毛皮取引所で実際に札を入れる時、「あの程度の品質なら安値でいい」「あれはもっと高値でいける」と、判断する材料になったのです。自分の目で見て確かめるのは重要なことだと、気づかされました。買い付けの結果は上々で、「君は筋がいい。うちで働かないか」と誘われました。顧客対応や素材の売買交渉、発送業務も任され、通関手続きや国際輸送の実務も覚えました。日赤で救援物資を海外に発送する事業を担当した時、英国でのアルバイト経験が役立ちました。

この毛皮会社の社長というのは、のちに一時代を築いた「ジャパンエンバ」の創業者植野藤次郎さんでした。文化芸術の振興にも熱心な方で、故郷の丹波や芦屋に中国の陶磁器や絵画、工芸品をコレクションした美術館を建てました。日赤に入社後も、その美術館を訪ねたり、食事に招かれたりとおつきあいが続いた。植野さんは1999年（平成11年）に亡くなりましたが、会うたびに「あの時は本当に助かった」と感謝してくれました。

私の通訳の顧客のなかには、日本人女性のあいだで普及してきたナイロン製ストッキングを扱う企業の技術者もいました。縫い目のない「シームレス」という縫製について調査するため、ロンドンにやって来たのです。伝統的な織物産業が残っているイングランド北部や中部の工場を案内して回り、女性にとって見た目も履き心地もよい、最先端の縫製技術を追究するお手伝いもしました。

貧乏暮らしと緒方貞子さん

通訳のアルバイトを通じ、大学のキャンパスにいては知りあえないような人々と出会い、いろいろな土地を訪れることができました。よい社会勉強になったのですが、肝心の報酬は小遣い稼ぎ程度にしかならず、最後まで貧乏生活が続きました。

ロンドンで最初に身を寄せたのは、キリスト教会の寮でした。インドやアフリカなど、英連邦出身の留学生たちと一緒に暮らしました。次の下宿先は、日本人会の活動を通じて知りあったユーゴスラビア人の男性と一緒に借りた部屋でした。彼は戦前、外交官の親と一緒に日本で暮らしていたそうで、柔道の愛好家でした。第2次大戦後にユーゴスラビアの王政が廃止され、社会主義国家になったため、祖国を離れて亡命したのだと聞きました。

当時のロンドンの下宿は、電気、ガス、水道のいずれも、事前に何シリングか払うと一定量を使うことができるというシステムでした。とてもじゃないがお金が続かず、シャワーもろくに浴びられませんでした。そのうえに大家のおばさんは、下宿人を監視するため、勝手に鍵を開けて部屋に入ってくるのです。これには本当に弱りました。

温かい物もなかなか食べられず、バナナがごちそうというひもじい日々が続くこともありましたが、ちょうどこの頃、ロンドンで暮らしていた緒方貞子さんに手料理を振る舞っていただいたことがありました。

ご主人の緒方四十郎（しじゅうろう）さんは、祖父文麿に近かった自由党総裁緒方竹虎（たけとら）さんの三男でした。当時は日銀ロンドン勤務で、のちに日本開発銀行副総裁などを歴任されました。一緒にいると会話が止まらない方で、お伺いするたびに楽しい時間を過ごさせていただきました。四十郎さんの海外赴任についてきた緒方貞子さんは当時、研究者でした。日本人初の国連難民高等弁務官に就任するのは1991年（平成3年）のことです。

緒方貞子さんは、国家の安全保障だけでなく、個々の人間の尊厳を大切にする「人間の安全保障」を唱えられました。その実践のために世界中の難民支援の現場に足を運ばれた。やがて赤十字運動に身を投じる私にとっては、人道支援の大先輩にあたります。私が連盟の会長選挙に出馬した時は推薦人にもなっていただきましたが、何よりもまず、ロンドンで腹を空かせた貧乏留学生の窮状を救ってくれた恩人だったのです。

国際赤十字と出会う

英国に留学してから1年を迎えた1963年（昭和38年）の夏。国際赤十字の本拠地ジュネーブを訪れる機会に恵まれました。当時、現地の国際機関日本政府代表部の大使は、栄光学園の1年先輩青木盛久（もりひさ）さん（元ケニア大使）の父盛夫（もりお）さんでした。「遊びに来たら公邸に泊めてあげるよ」と誘ってくれたのです。

赤十字創設100周年記念パレード

ひとつ条件がついていました。「9月1日に赤十字創設100周年の記念パレードがあるので、日本の代表として参加してほしい」というのです。ジュネーブで開催される赤十字の国際会議の参加者が一堂に会す記念行事という説明でした。「若い人の方が喜ばれるからね」と、現地入りして早々に青木大使の紋付き袴（はかま）を渡されました。日本からは私ともう一人、確か共同通信のジュネーブ支局長のお嬢さんだという方も、着物姿で参加しました。

日の丸を掲げながら街を歩いていたら、突然の土砂降りに遭い、借り物の紋付きはびしょ濡れになってしまいました。散々な目に遭いましたが、国際赤十字の世界に初めて触れた忘れられない日になりました。ところが、日赤の歴史をまとめた社史稿をめくると、このパレードに参加した日赤代表は私ではなく、国際機関日本政府代表部の男性職員と書かれているのです。その職員というのは、のちにデンマーク大使や宮内庁の式部官長を歴任された苅田吉夫さんでした。

後日、2人でこの件について話したら、苅田さんも、「近衞さんがご記憶されている通りですよ。僕はジュネーブの街を紋付き袴で歩くなんて嫌だったから、青木大使にパレードには出ないと断ったのです」とおっしゃった。それがどうしてこんなことになったのか。私にとっては赤十字と出会った大切な瞬間の記録です。訂正してほしいとずっと言ってきたのですが、日赤では取りあってもらえず、社史稿はいまもそのままになっています。

「それで、細川君は日本に帰ってからどうするの?」。パレード参加の義務を果たし、ジュネーブの大使公邸で過ごしていたある日、青木大使から私の就職について聞かれました。赤十字100周年の記念パレードで民族衣装に身を包み、いろいろな国の若者と交流を楽しんだ余韻も手伝って、「赤十字の国際的な人道支援に興味がある」と打ち明けました。

青木大使は戦前、戦中、戦後と、厳しい外交交渉を経験された外交官です。どんな反応が返ってくるか心配でしたが、しばしの沈黙の後、「それも面白いかもしれないな」と賛意を示してくれました。まだ漠然とした考えでしたが、自分の素直な気持ちを肯定してもらえてとてもうれしかったです。

大陸放浪とMRA

英国留学を終えると、1964年（昭和39年）の夏から3か月間、大陸を放浪しました。東西ヨーロッパ、中東、アジアと20か国以上をめぐりました。

社会人になる前に広い世界を見ておこうと思ったのです。もうひとつ、各国にいるMRA運動のメンバーに会いに行くという目的もありました。

MRA（Moral Re-Armament＝道徳再武装）運動は、第1次大戦後、米国の牧師フランク・ブックマン博士によって提唱されました。宗教やイデオロギーにとらわれず、個人の良心に従って全体主義に対抗し、平和を実現しようという理念を掲げ、国境を越えた活動を展開していました。英国ではオックスフォード大の学生を中心に支持が広がっていました。私が留学していた当時の活動は活発でした。私とMRAとの出会いは、偶然の産物といえます。

遠縁にあたる松平一郎さんが当時、東京銀行の支店開設のため、ロンドンに駐在されていました。一郎さんは幕末の会津藩主松平容保（かたもり）の孫で、のちに東京銀行会長などを歴任されました。ご次男は私の学習院大時代からの友達で、徳川宗家の養子に入り18代当主になった恒孝君でした。息子の学友ということで、ロンドンでは何かと気にかけていただきました。ある日、松平ご夫妻に食事に招いていただいた後、公園を歩いていたら、英国人男性に「君は日本人か」と、流暢な日本語で声をかけられたのです。その相手は、日本でMRA運動の普及に努めていたヒュー・ウィルキンソンさんでした。これを機にウィルキンソンさんは、英国のメンバーが啓発活動の一環で催す演劇会やパーティーに誘ってくれるようになりました。ものすごく熱心で「ちょっと面倒だな」と感じることもありましたが、英語の勉強になると思い直して顔を出しました。

ウィルキンソンさんは私の母校学習院大のほか、青山学院大学で長く教鞭を執られました。日本でもMRA運動は注目を集め、当時のメディアも取りあげました。元首相の岸信介さん、未来の首相の中曽根康弘さん、「憲政の神様」と呼ばれた尾崎行雄の三女相馬雪香さんなど、著名人の賛同者も多かった。MRAのメンバーから、ヨーロッパや中東にも散らばっている仲間を紹介されたので、大陸の旅の途中で訪ねて回りました。世界平和について夜通し話し込んだこともあったのですが、どうも私はこの運動にさほど関心を持つことができませんでした。

キプロスの分断

この放浪の旅で最も印象に残ったのは、英国から独立してまもないキプロスでの体験でした。MRAのメンバーが説いた道徳や理屈では割り切れない、異なる民族同士のぶつかり合いの現場に興味を持ちました。

キプロスは住民の8割がギリシャ系ですが、1960年(昭和35年)の建国時に制定した憲法で、少数のトルコ系住民から選出される副大統領に拒否権が付与されました。その後、ギリシャ系が改憲に動き、トルコ系副大統領の権限が撤廃されました。すると63年(昭和38年)、武力衝突が発生してしまったのです。この紛争に対処するため、64年に国連の平和維持軍が派遣されました。私がキプロス島に渡ったのは、この国連軍の活動が始まる直前でした。島に上陸した初日、トルコ系住民を支援するトルコ軍が、ギリシャ系の南部地域を空襲しました。

北部のホテルに投宿すると、部屋の窓から、大通りに築かれたバリケードや、鉄砲を担いで警戒にあたるトルコ系住民の姿が見えました。キプロスは、ギリシャ神話に登場する愛と美の女神「アフロディーテ」の生誕地と伝えられていますが、美しいエーゲ海に浮かぶ島らしからぬ、張り詰めた空気に覆われていました。ホテルの周辺にいた住民と話すと、「このままではギリシャ側に併合され、我々は殺されるか、島から追い出されてしまう」などと口々に訴えてきました。ギリシャ系の住民の言い分も知りたくなりました。

私には熊本の新聞社からいただいた「新聞記者」の身分があります。記者証を胸のポケットにねじ込んで「取材」を試みました。

キプロス島北部のトルコ系地域と、南部のギリシャ系地域のあいだには、幅100メートルほどの緩衝地帯が設けられていました。その辺に落ちていた棒に白い布を縛り付け、急ごしらえした「白旗」を用意しました。それを高く掲げながら、緩衝地帯を歩き、トルコ系地域からギリシャ系地域へと向かいました。街路が曲がりくねっているところもあり、建物の窓や物陰から狙撃される恐れもありました。いま思い出すとかなり無謀な行動ですが、若さゆえか好奇心が先立ち、さほど怖いとは思いませんでした。無事に緩衝地帯を抜け、ギリシャ系地域の住民に話を聞きました。「せっかく独立したのに、少数派のトルコ系に配慮し過ぎている」と、こちらもやはり不満げでした。

キプロス紛争は当時、大きな国際問題になっていた。この地域をカバーしている朝日新聞カイロ支局の特派員と現地で出会いました。取材用の車を確保したくても、運転手が怖がって捕まえられないというので、一緒にお金を出し合ってタクシーをチャーターすることにしました。2人であちこち島内をめぐりました。その特派員からは「英国がキプロスを植民地支配した時代に二つの民族を分断して統治を行ったことが原因だ」という見方を披瀝（ひれき）されました。

私はまだ学生でしたが、そう単純に割り切れる問題ではないと感じました。キプロスは、「古代ギリシャ」「ローマ帝国」「オスマン帝国」「大英帝国」と支配者がめまぐるしく変遷してきました。その歴史は複雑であり、同じ島国でも一度も侵略されたことがない日本とはまったく異なっています。多様な文明や人種、宗教が交わる地中海に浮かぶ島ならではの「宿痾（しゅくあ）」というものが存在するのではないか。そんなことを考えました。

キプロス北部のトルコ系地域は83年（昭和58年）に「北キプロス・トルコ共和国」として、独立を一方的に宣言しました。南部のギリシャ系のキプロス共和国とのあいだの分断はさらに深まってしまい、現在も国連軍の駐留が続いています。

キプロス問題は、国際赤十字・赤新月社連盟（ＩＦＲＣ）の組織運営にも影を落としています。赤十字の国際会議では長く、ニコシアに本社があるギリシャ系の代表が出席してきました。私は２００９年（平成21年）にＩＦＲＣの会長に就任すると、トルコ系側の代表もオブザーバーとして、赤十字の国際会議に参加できるように調整しました。分断が始まった当初、キプロスで聞いた双方の住民の生の声を思い出し、赤十字はどちら側にも配慮した組織であるべきだと判断したのです。

この大陸放浪の旅では、冷戦の最前線となっている東西ドイツや、キリスト教、イスラム教、ユダヤ教と三つの宗教の聖地であるエルサレム、南北に分かれたベトナム、中国共産党との内戦に敗れ、大陸から追われた国民党が統治する台湾など、さまざまな分断の現場に立ちました。

日本に帰国したのは、1964年（昭和39年）東京五輪の聖火が東京に到着した10月頃でした。祖父護立は五輪に合わせた日本の文化事業を統括する「芸術展示特別委員会」の委員長を務めたので、チケットをもらい、国立競技場で開会式を観覧しました。戦後復興を遂げた日本は、この平和の祭典も見事成功させました。日本人のひとりとして私も世界に貢献するような活躍をしたい。そんな思いが胸にこみ上げてきました。

第2章　日赤に入社

日赤に入社したての頃。25歳

駆け出しの頃

まずは嘱託で

世界を股にかけて活躍できて、世界中の人々に喜ばれるような仕事がしたい——。英国留学を終えた私は、そんな将来像を思い描いて就職先を探しました。

ジュネーブでお世話になった青木大使にならって外交官を目指そうかとも考えました。また、私が高校3年だった1957年（昭和32年）に「日本人初の国連職員誕生」と騒がれた明石康さん（のちに国連事務次長）に続く、という選択肢もありました。海外進出が著しい日本の総合商社、スイスに本社を置く世界的な食品会社「ネスレ」なども候補に挙がりました。いろいろと考えた末、最後に選んだのはやはり日赤でした。偶然とはいえ、国際赤十字の本拠地ジュネーブで「日本代表」を務めたことは、何ものにもかえがたい体験だという思いがありました。私とデュナンは同じ誕生日でもある。「これが自分の運命なのだ」と心に決めました。父護貞に紹介してもらい、当時の日赤社長島津忠承さんに会っていただきました。島津社長は戦国大名島津家の分家の当主で、かつては細川家と同じ華族の一員でした。日赤に入社されたのは30年（昭和5年）ですから、戦争の時代の難しい人道支援を経験された方でした。戦中は、日赤の「救護看護婦」の活動をすべて把握する立場で、自ら南方に出向き、前線の病院で働く看護婦らを視察されました。灼熱の地で汗まみれになって働き、時には自ら献血を申し出て、命を削りながら負傷兵を救おうとした看護婦たちの姿をご存じだった。非情にも戦闘に巻き込まれ、飢えや病に倒れた看護婦は1000人を超えました。島津社長は日赤を代表して殉職者の葬儀にも参列されたそうです。終戦の翌年に社長に就任すると、厳しい環境に屈することなく、日赤の人道支援の灯を守られました。赤十字に戦勝国も敗戦国もないはずですが、国際会議の場で日の丸が掲げられず、露骨な反感や批判をぶつけられるような経験もされました。それでも、大陸の残留邦人を救うため、旧敵国のソ連や中国の代表らと難しい交渉を重ね、引き揚げ事業の実現に貢献されました。

英国で学んだ知識や大陸放浪で得た経験を、赤十字の国際支援のために生かしたい――。私はそんな希望を島津社長に伝えました。当時の日赤には英語ができる人材があまりいなかったので、歓迎すると言っていただきました。「わかった。話を通しておく」。島津社長はそう請け合ってくれたのですが、いざ日赤の人事担当者に会ってみると、「いまのところ君を雇う予算がない。正採用は難しい」と言われてしまいました。それでひとまずは、「日赤本社外事部（現国際部）の嘱託として採用する」という運びになりました。64年（昭和39年）12月のことです。ここから私の赤十字人としてのキャリアが始まりました。

日赤誕生の歴史

私が入社した時、日赤はすでに87年の歴史を有していました。

その誕生のきっかけとなったのが、細川家ゆかりの熊本で戦端が開かれた「西南戦争」でした。政府軍7万と反乱軍３万の戦闘は7か月に及び、死傷者は両軍合わせて1万４０００人を超えました。日本史上最大で最後の内乱でした。明治維新による改革で次々と特権を失い、不満を持った薩摩の士族が１８７７年（明治10年）2月、西郷隆盛を擁して決起したのです。最初に目指したのが、新政府が陸軍部隊「鎮台」を置いた熊本城でした。３月の「田原坂の戦い」は最大の激戦となり、犠牲者は６０００人とも言われます。その惨状を知って日赤の前身「博愛社」の設立に動いたのが、元老院議官の佐野常民でした。

「日赤の生みの親」と言われる常民は、１８２３年（文政6年）、佐賀藩士の家に生まれました。藩医の養子になり、緒方洪庵や華岡青洲に師事して西洋医学や化学を修めました。藩主の命で理化学研究施設「精煉方」の統括に就任すると、軍艦の建造にもあたりました。そして１８６７年（慶応3年）にパリ万博に派遣され、赤十字運動に出会いました。会場には誕生間もない国際赤十字のパビリオンが設けられ、「敵味方の区別なく人命を救う」ジュネーブ条約への加入を各国に訴えていました。常民はこの条約の理念を知り、「近世ノ美事」と称賛しました。

明治新政府に出仕した常民は、近代化を目指す日本のため、海軍の設立に尽力しました。次いでウィーン万博の事務副総裁に就きますが、渡欧中の１８７４年（明治7年）、郷里で「佐賀の乱」が起こりました。旧知の士族たちが新政府軍の前に斃れ、江藤新平ら有為な若者が刑死した――。遠い旅先でそんな悲報に接したのです。西南戦争が勃発した時、同じく元老院議官の大給恒（おぎゅうゆずる）に声をかけ、官軍賊軍すべての傷ついた兵士を救おうと即座に動いたのは、この悲しい経験も関係していたはずです。

常民は１８７７年（明治10年）5月、熊本の新政府軍の本営を訪れ、征討総督の有栖川宮（ありすがわのみや）熾仁（たるひと）親王から「博愛社」設立の許可を得ます。さっそく旧佐賀藩主の鍋島家から借りた３００円と自ら拠出した１００円を元手として、佐賀病院の医師らを熊本の陸軍病院に派遣し、医療用のガーゼや木綿も寄贈しました。日本はまだジュネーブ条約に未加入だったので、「赤十字」は使用できず、博愛社は「紅丸一」という独自の標章を掲げて活動しました。当時、細川家の当主だった護久も、博愛社の趣旨に賛同し、旧家臣の医師らを派遣しています。

博愛社は熊本で１００人以上を治療し、40人を護送しました。鹿児島、長崎、宮崎などの他地域も含めると救護対象者は計１４２９人に及びました。明治天皇はこうした活動を高く評価し、この年の8月、博愛社に金1000円を下賜されます。その翌月に小松宮彰仁親王が博愛社総長に就任されました。

以後、博愛社は恒久的な救護団体としての存続を目指し、人材の獲得や組織の整備を進めました。そうした活動を支えたのは、佐野や大給ら博愛社の社員、政治家、文化人、実業家から集まった寄付でした。公益も追求した実業家渋沢栄一もそのひとりで、のちに社員（現在の会員）さらに常議員（現在の理事）に名を連ねました。

日本がジュネーブ条約に加盟し、国際的な人道支援ネットワークの一員になったのは1886年（明治19年）のことです。この翌年、博愛社は日本赤十字社と名称を変更し、常民が初代社長に就任しました。

日赤はさらにその翌年、磐梯山の大噴火で初の災害救護も経験しました。赤十字の活動は当時、戦時救護が原則でした。日赤にも自然災害に対する規定はなかったのですが、皇后陛下（のちの昭憲皇太后）の内意を受けて、救護員3人を現地に派遣し、常民も後からそこに合流しました。1890年（明治23年）には台風に巻き込まれて和歌山沖で沈没したトルコ軍艦エルトゥールル号の乗員の救護にもあたりました。

こうした災害救護の経験は、1923年（大正12年）の関東大震災で生かされました。日赤本社の建物は全焼し、備蓄していた資機材もすべて失いましたが、当時の平山成信社長をトップとした臨時救護部を設置し、全国の支部に救護班の出動を命じました。東京51か所、神奈川36か所に臨時の救護所を設け、組織的な治療や看護を展開しました。当然、日赤の医師、看護婦らも被災者でしたが、総員４４６６人で延べ２００万人以上を救護しました。さらに、地方の故郷に避難した人のため、北海道から九州までの駅や港計73か所でも、被災者支援を実施しました。

日本の帝都を襲ったこの大震災では、海外28か国の赤十字加盟社から多額の寄付金や人的支援が寄せられました。こうした善意は、明治維新後に国際社会に仲間入りして間もないにもかかわらず、人道支援に熱心に取り組んでいた日本への敬意の表れでもありました。

昭憲皇太后は12年（明治45年）の赤十字国際会議で、各国加盟社の平時活動の資金に充てられるようにと、10万円（現在の3億５０００万円相当）を寄付されました。この昭憲皇太后基金（The Empress Shoken Fund）は現在もジュネーブの赤十字国際委員会（ＩＣＲＣ）と国際赤十字・赤新月社連盟（ＩＦＲＣ）の合同委員会によって運用されており、毎年のご命日の4月11日に合わせて配分先が発表されています。日本は14年（大正3年）に始まる第１次大戦で、連合国側について勝利を収めると、大戦後の19年（大正8年）、同じ連合国側の米、英、仏、伊の各赤十字社の代表とともに「五社委員会」を結成します。その席上で国際赤十字を国際連盟に匹敵する組織にするための協議に臨みました。これがきっかけとなり、ＩＦＲＣの前身「赤十字社連盟」が誕生しました。

職場での薫陶

大正時代には世界の人道支援をリードする存在にまで急成長を遂げた日赤でしたが、第2次大戦の敗戦で停滞を余儀なくされました。私が入社した当時の日赤は、戦前のような勢いを失っていました。

配属された外事部の所帯は10人ほどで若手は25歳の私だけでした。嘱託とはいえ、私はやる気満々です。先輩方に「何をしましょうか」と聞いて回ったのですが、「何もないよ」とみんなつれない返事でした。戦前に入社したベテランが多く、「くたびれたおじさんの集まり」といった風情の職場でした。

これにはやむをえない事情がありました。終戦から20年たっても、外事部では戦地からの引き揚げ者の支援をはじめ、戦後処理の案件を数多く抱えていました。前述のように、日赤の活動は寄付で成り立っていますが、当時の日本は人道支援に対する社会的な関心がまだまだ低く、日赤の資金力は乏しいものでした。現在のように、人材や資金を積極的に投入し、海外で支援活動を展開するような姿は想像もできない時代でした。

正直言って、入社前に私が思い描いていた職場とはかなり違っていました。しかし、肩を落としていても仕方がありません。まずは自分でできることから始めようと、職場のあちこちに積まれたままになっている資料を読み込みました。わからない点があれば、「教えてください」と先輩に頭を下げる日々がしばらく続きました。

そんな職場にあって異彩を放っていたのが、外事部長の井上益太郎さんでした。元々は外交官でフランス語が流暢な方でした。ポルトガル大使館勤めだった若い頃、大使の許可を得ずに勝手に外交文書を送ってしまったことが原因で、外務省を辞めて日赤にきたと聞きました。

私の入社翌年の１９６５年（昭和40年）。国際赤十字の基本原則を決める会議がオーストリアのウィーンで開かれました。井上さんは日赤代表の一員として出席しました。頭脳明晰な井上さんは、得意のフランス語を駆使して議論の矛盾点を細かく指摘しました。ただ、自分のことはよく見えておらず、コートの裾をずるずると引きずりながら議場を歩き回り、滔々と持論を展開しました。「Monsieur Inoue（ムッシュー井上）」の独り舞台で、何も決められないまま時間ばかりが過ぎていきました。困り果てた各社の代表者たちは、井上さんがトイレで議場を離れたタイミングを見計らい、議決を取ってしまうという挙に出た。この一件は、国際赤十字関係者の話題をしばらく独占しました。

なぜか、井上さんは職場で熊皮のコートを着ていました。「日赤にもこんなユニークな人がいるんだ」。私にはその個性的な振る舞いがなんとも魅力的に映ったのですが、井上さんは日本赤十字中央女子短期大学に移り、教鞭を振るった後、辞めてしまいました。いろいろと薫陶を受けたかったのに、その機会を早くに失ってしまって残念なことでした。

当時の日赤にはもうひとり、忘れてはならない大先輩がいました。青少年課長だった橋本祐子(さちこ)さんです。64年(昭和39年)の東京五輪と一緒に開催された東京パラリンピックで、「語学奉仕団」の結成に貢献した方です。

障害者スポーツへの理解が未熟だった当時の日本で、橋本さんは来日した選手一人ひとりの力になろうとしました。語学力と同時に奉仕の精神も有する学生を集め、競技場での通訳だけでなく、日本滞在中のすべてをサポートするための組織を作ったのです。このパラリンピック大会の名誉総裁は皇太子殿下(現上皇陛下)でした。皇太子妃殿下(現上皇后陛下)は橋本さんと親交がおありでした。ともに日赤の副総裁であられる両殿下が橋本さんの試みを支援してくださいました。

語学奉仕団の献身的な取り組みは、各国の選手団に喜ばれました。パラリンピック東京大会で高評価を受け、この翌年、日赤に「赤十字語学奉仕団」が発足しました。来日した障害者に介助ガイドや必要な情報を提供する現在の活動スタイルは、橋本さんの構想が原点になっています。

戦後25年となる70年(昭和45年)を迎えると、橋本さんは東南アジアと太平洋地域の青少年を日本に招き、日本の若者も含めて交流してもらう「こんにちは'70」という事業を企画します。日本が先の大戦で侵略した地域を含む18か国の代表が、それぞれの夢や希望について語り合う未来志向の事業でした。日赤が青少年を対象とした初の大規模な国際イベントでしたが、語学奉仕団の協力もあって大成功を収めました。

この2年後、橋本さんはアンリー・デュナン記章を受章しました。「アジア初」「女性初」と騒がれましたが、橋本さんの最大の功績は、ボランティア精神というものを日本に根づかせた地道な取り組みにありました。橋本さんは当時63歳。「ハシ先生」と呼んで慕う門下生がたくさんいました。私もそのひとりだったので、ハシ先生の受章から半世紀後、2人目の日本人受章者に選ばれたことは、とても光栄で感慨深かったです。

知恵で勝負

「苦労のない喜びなんて三流品」「Here and now!（いまでしょ）」。ハシ先生は日赤で多くの語録を残しました。なかでも有名な「できるかできないかではない。したいか、したくないかである」という金言は、駆け出し時代の私にとって大きな励ましになりました。

資金も経験もないけれど、何とかして国際的な人道支援を実現したい——。そんな一念で知恵を絞り、入社3年目で実現させたのが、途上国に中古ミシンを寄贈するという事業でした。

日本では1960年代に電動ミシンが普及し始めました。それまで各家庭で使われていた足踏みミシンからの買い替え需要が広がっていました。「メーカーが客から引き取った足踏みミシンが、倉庫に山積みになっているらしい」。そんな話を聞きつけ、メーカーに足を運びました。「いらないのであれば、寄付していただけないでしょうか」と頼むと、「ちょうどスクラップ代が浮くから」と二つ返事で応じてくれたのです。

メーカーに寄付を依頼するのは、金のかからない支援物資の調達手法として有効でした。ミシンに続いて、乳児用の粉ミルクにも目を付けました。日本のメーカーが海外に販路を広げようとしていた時期だったのです。業界団体である日本乳製品協会の事務局を訪ねると、感じのよさそうなおじさんが応対してくれました。事務所内にある冷蔵庫からアイスクリームを持ってきてくれて、2人でペロペロなめながら話をしました。「日本の粉ミルクで飢えに苦しんでいる貧しい国々の子供たちを救いたいのです」。そう言って乳製品の無償提供をお願いすると、おじさんは「それはいい話だ。日本の良質な粉ミルクの宣伝にもなる。さっそく各社に聞いてみよう」と約束してくれました。こうして始まった粉ミルクの寄贈事業は見事に当たりました。国民が生きていくうえで必要なカロリーを十分に供給できない途上国で大歓迎されたのです。

この事業のハイライトは、タイ赤十字社が開催した人道活動をテーマにしたフェアへの参加でした。現地に出張した私は、当時のプミポン国王陛下に拝謁する機会をいただいたのです。タイの憲法は、国王の地位を〈崇敬される地位にあられ、なにびとも侵すことはできない〉と規定しています。タイの政府高官や軍の幹部が国王に敬意を表すため、這うようにし

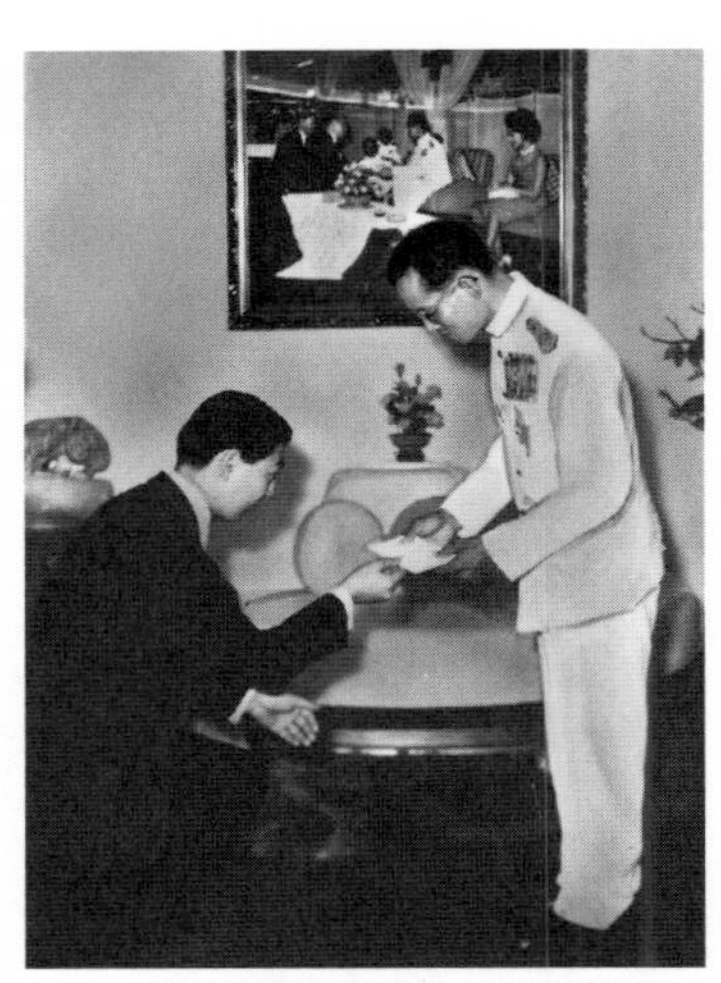
プミポン国王に粉ミルクの寄贈目録を手渡す

てその前に進み出るシーンは有名です。私もあのように身を低くして国王陛下のご尊顔を仰ぎ見るのかと覚悟しましたが、王室の侍従から「外国人は膝をつく姿勢でよい」と説明がありました。王宮の謁見の間でプミポン国王と面会した私が、膝をつきながら恭しく寄贈品の目録を差し出す姿を捉えた写真があります。国王陛下からこの時、「ありがとう」とお礼のお言葉をいただきました。

日赤の社史稿をめくると、1967年（昭和42年）の国際活動として、〈ネパールに100台、レバノンに50台のミシン〉〈飢饉（ききん）のインドや中東の紛争地帯に計1000万円分の粉ミルク〉それぞれを寄贈したと記録されています。

改めて思い出すのは、あの頃の日赤は本当にお金に困っていたということです。私は入社2年目から正職員になりましたが、日赤の給与は公務員の基準をさらに下回るように設定されていました。高校や大学時代の同級生たちと集まると、「いくら給料をもらっているか」という話になりました。しばらくのあいだは「近衛が一番安月給」という時期が続きました。

運営資金が不足し、つぶれてしまった赤十字病院もありました。各病院の賃金闘争も盛んで、「ナイ賃ゲール」と大書された旗も見かけました。あのフローレンス・ナイチンゲールをもじった標語です。19世紀のクリミア戦争におけるナイチンゲールの献身的な看護活動が、のちにアンリー・デュナンの赤十字運動に大きな影響を与えたことは、日赤の職員ならずともっとに知られています。そんな伝説の人物の名を労働争議のスローガンに利用するほど、医療現場の看護婦や事務職員は困窮していたのです。

いまに見ていろ

日赤にとってとても厳しい時代でしたが、自力でスポンサーを見つけて新事業を開拓できる職場に私はやりがいを感じていました。

日赤への入社が決まった後に聞いたのですが、父護貞は次男が日赤で働くことについて、親交が深かった白洲次郎さんに相談していました。「そんな退嬰(たいえい)的なところに行くのか」という反応だったそうです。

白洲さんは戦前、英国のケンブリッジ大学で学び、国際的なビジネスマンとして活躍しました。対英米戦争が始まる前に、日本の敗戦を予期して東京町田の郊外に移り住み、自給自足の暮らしを始めた。戦後は吉田茂首相に請われ、GHQとの折衝役として新憲法の制定に関わり、貿易立国を推進する通産省（現経済産業省）の誕生にも貢献した。「日本は戦争に負けたが、奴隷になったわけではない」。そんな矜持を胸に本場のイギリス英語を駆使してGHQと渡りあった。一家言を持つことで知られた白洲さんは、私の進路選択には否定的だったわけです。

退嬰的というのは、「何かにつけて尻込みし、新しいことに手を出したがらないさま」を意味します。白洲さんの反応を聞いた私は、かえって「やってやる。いまに見ていろ」と日赤の仕事に向きあう意欲を燃やしました。

白洲さんの奥様の正子さんも祖父護立と親しかったので、ご夫妻が町田の郊外に構えた邸宅「武相荘」にはよくお邪魔しました。白洲さんとは夜の街でお会いすることもありました。ある晩、赤坂の高級クラブ「コパカバーナ」で飲んでいたら、店員が私の背後からテーブルにスッとコースターを置きました。ふと目をやると、〈子供は早く帰って寝ろ〉と殴り書きしてある。いったいなにごとかとふり返ると、ニヤリと笑った白洲さんが部屋の奥で、ゆったりとウイスキーグラスを傾けていました。私は人に呼ばれておつきあいしていただけだったのですが、白洲さんには「社会人になったばかりの若造が粋がって飲んでいる」と映ったのでしょう。ブリティッシュスタイルをこよなく愛し、三つ揃えのスーツをパリッと着こなした白洲さんですが、この時は珍しく着流し姿。それもまたダンディーでした。

別の日には、やはり赤坂のフレンチレストラン「シド」でお見かけしました。吉田首相の官邸料理人で、日本のフレンチの先駆者と呼ばれた志度藤雄さんのお店でした。白洲さんは一番奥の席でひとり食事をしていました。こちらに気づいていなかったので、そっと近づいて「こんなところで爺さんがひとり食事ですか。寂しいですね。あまり食べ過ぎない方がいいですよ」と言ってやりました。白洲さんはパイプを咥(くわ)えたまま、「うるせえ」と返してきた。その声は不機嫌そうでしたが、表情はどこかうれしそうに見えました。

若気の至り

1967年（昭和42年）12月、ベトナム戦争による人道危機に直面している地域を視察する機会がありました。カンボジア、タイ、ラオス、さらに北ベトナムの攻勢が強まりつつあった南ベトナム（現ベトナム南部）の首都サイゴン（現ホーチミン）にも入りました。サイゴンに向から航空機は、攻撃を避けるためにギリギリまで高度を保ち、一機に急降下して空港に着陸しました。離陸する時は、乗客が乗り込んだ途端に一気にエンジンを全開にして飛び立ちました。戦場を行き来する機内は言いようのない緊張感に包まれました。

当時、現地に駐在していた日本の大使は、直前まで在ジュネーブ国際機関日本代表部大使だった青木盛夫さんでした。南ベトナム大使として赴任されたばかりだった。

32年（昭和7年）入省の青木大使は、外務省の大ベテランでした。ジュネーブの次は大国の大使と目されていたので、ベトナムへの転任を「格下げ人事」と騒ぐメディアもありました。でもそれは間違いでした。外交官としての手腕を買われ、戦争状態にある国の駐在大使という難しい仕事を任されたのです。三木武夫外務大臣から南ベトナム大使就任を要請されると、「全力を挙げましょう」と快諾された。ただ、奥様はこの人事に納得できず、「ついていけない」と同行されなかったと聞きました。

大使館でお会いした青木大使はそんな事情はおくびにも出さず、「おお、細川君、元気だったか」と再会を喜んでくれました。ベトナムに滞在しているあいだ、赤十字の一員として視察先で見たこと、感じたことを伝えると、「それは貴重な話だ」と言って真剣に耳を傾けてくれました。ご自身は「戦争の長期化と反戦運動に苦しんでいる米国にかわって、日本がベトナム和平に貢献すべきだ」というお考えをお持ちでした。それは日本政府の方針とも一致していたはずです。

「ベトナムの和平実現のためには、南のサイゴン政府だけでなく、北ベトナム側のハノイ、さらにそれを支援する北京やモスクワとのパイプを構築する必要がある」。2人でそんな話をしました。私は国際赤十字のネットワークが役に立つと考えました。

〈日赤も救援乗り出しか　現地入りの近衛氏示唆　解放戦線も含め〉

青木大使と私の話の内容が、12月29日の毎日新聞一面に掲載されました。記事の終わりには、こんな私のコメントもついていました。
〈日本のベトナム援助は一方に傾いているという批判がある。私としては、経験をつんだ日本赤十字社の代表が、ベトナムで活動している西欧の代表団に一枚加わって、不幸な人たちに直接暖かい（原文ママ）手をさしのべたいと思う〉

この記事を打電したサイゴン駐在の特派員は、ジュネーブ時代からの青木大使の信奉者でした。私も意気投合していろいろと意見を交わしたのですが、こんな形で新聞の一面に載るとは思っていなかった。私は入社からまる3年を迎えたばかりのぺいぺいでした。帰国すると、「勝手なことを言いやがって」と社内の冷ややかな視線にさらされました。

いまこうしてふり返ると、当時の私は、赤十字運動の機微に触れる「政治からの独立」という問題への理解が浅かったように思います。まだ二十代でしたから、「若気の至り」で、理想論や夢物語を職場で口にすることが多々ありました。そのたびに上司や先輩たちから「そういうことは社長になってから言うものだ」と諭されました。

近衞家を守る

養子入り

細川家の次男である私が、母方の「近衞」の姓を名乗るようになったのは、日赤入社翌年の１９６５年（昭和40年）のことです。

この時まで私の名は「護煇」でしたが、近衞家を継ぐにあたり、「忠煇」と改名しました。「衞」も「護」も「守る」という意味なので、重複するのはどうかという話になったのです。そこで「心にいつわりがない」「まごころをつくす」という意味の「忠」という字が新たに選ばれました。

近衞家の先祖を遡ると、歴史の教科書に載っている中臣鎌足にたどり着きます。鎌足は飛鳥時代の貴族でした。中大兄皇子（のちの天智天皇）を助け、６４５年（大化元年）の「乙巳の変」で、宮中で専横を極めていた蘇我入鹿を暗殺します。これに続く宮中改革「大化の

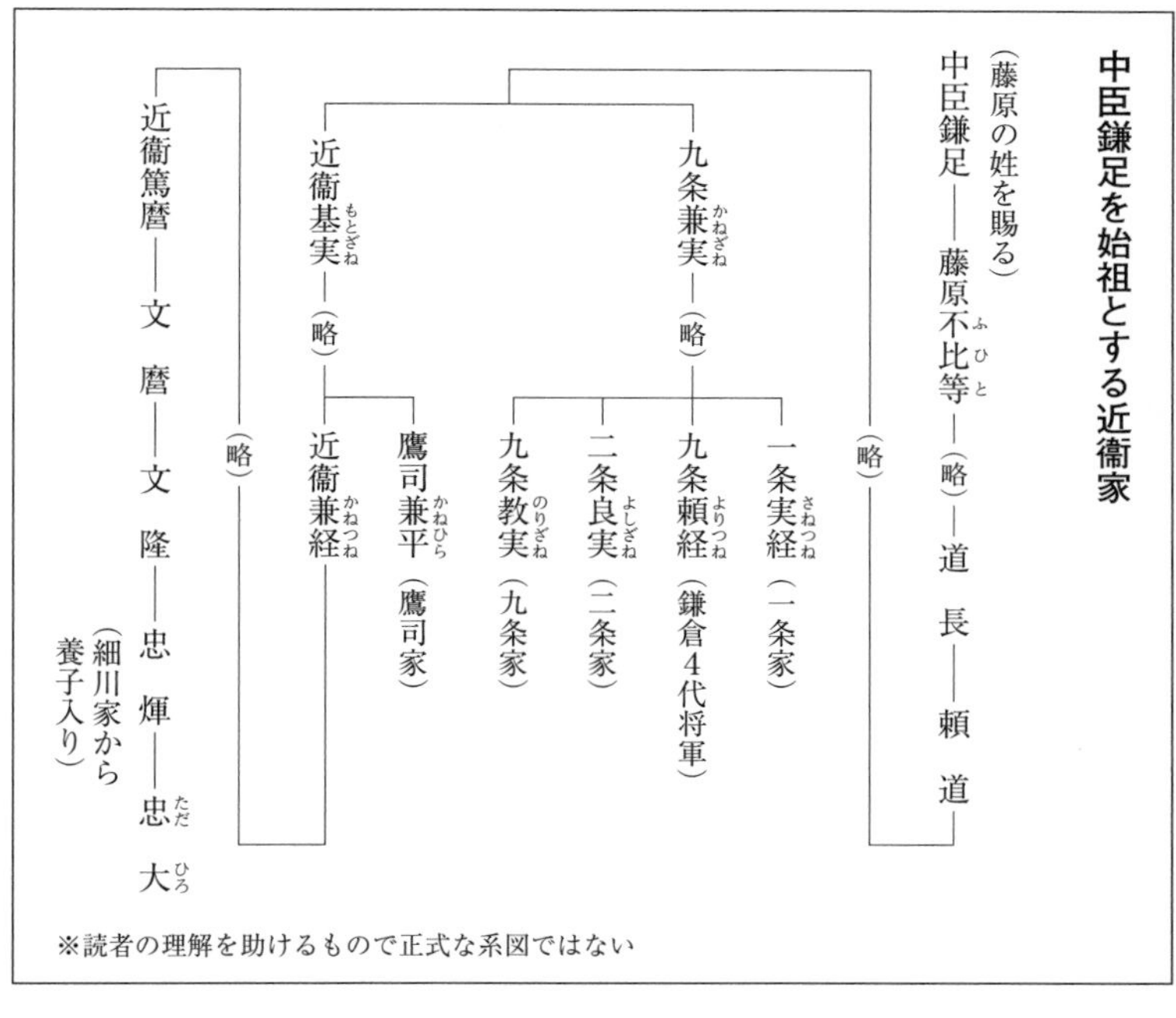

※読者の理解を助けるもので正式な系図ではない

改新」への貢献が認められ、当時の最高の冠位とともに「藤原」の姓を賜りました。

「近衛家」はこの藤原一門の北家の嫡流です。平安時代の関白藤原忠通の嫡男（正妻とのあいだに生まれた長男）基実を初代とします。2代目の基通の邸宅が平安京の近衛大路にあったことが、家名の由来になりました。

基実の異母弟兼実が「九条家」の初代になります。さらに近衛家から「鷹司家」、九条家から「一条家」「二条家」が分かれます。これら5家が公家の家格の最上位に置かれ、天皇を補佐する「摂政・関白」に就くことが認められました。この「五摂家」の筆頭に位置づけられたのが、初代が嫡男の近衛家でした。摂政・関白は、武士に実権が移った鎌倉時代にその権勢を失いましたが、明治維新の１８６７年（慶応3年）「王政復古の大号令」で廃止されるまで、官職として存続しました。

私の祖父文麿は、基実から数えて29代目の近衛家当主になります。祖母千代子とのあいだに跡取りの長男文隆（ふみたか）がいましたが、１９４５年（昭和20年）の終戦直後、ソ連に抑留されてしまいます。そのまま日本の土を踏むことなく、41歳の若さで他界しました。56年（昭和31年）のことです。その後、両家で話し合い、「テルを近衛家の跡取りの養子にする」と決めたのです。

39年（昭和14年）生まれの私が、文隆と過ごすことができた時間はごくわずかでした。それでも、生前の姿は鮮烈な記憶として残っています。

文隆は38年（昭和13年）8月から翌年1月まで、文麿の首相秘書官を務めるなどした後、召集されました。40年（昭和15年）に二等兵として満州（現中国東北部）の砲兵部隊に配属されました。43年（昭和18年）末に一時帰国して家族と過ごしました。文隆はこの時、中尉に昇進していた。私や兄護煕が軍服姿を見上げながら、「大将とどっちが偉いの」と聞くと、「大将なんて大したことない」と白い歯を見せて笑いました。そこにいるだけで周囲を明るくする人物で、子供ながらに「楽しい男だなあ」と感心したものです。

文隆の豪快な人柄を伝える逸話も聞きました。

文隆は15年（大正4年）生まれ。3つ年上の父護貞とは幼少期からつきあいがありました。38年（昭和13年）に2人で中国を旅した時のこと。たまたま知りあった若い将校と飲む羽目になったそうです。「近衛のせがれ」と知った将校に「何かやってみろ」と絡まれた。すると文隆は「他人にはできないことをやってみせよう」と、啖呵（たんか）を切ったのです。

店の女将に硯と筆を持ってこさせると、まず、護貞が4枚のふすま一杯に壮大な富士山を描いた。続く文隆は、墨汁がしたたるのも構わず、「四海静波（しかいなみしずか）」と大書してみせた。将校は即興で生まれた墨痕鮮やかな作品に圧倒され、態度を改めたそうです。

近衛家の嫡男文隆は、17歳の時、見聞を広めるために米国留学に旅立ちました。そこでも数々の逸話を残しました。

高校は全寮制のローレンスヴィル、大学はプリンストンで学びました。ともにアマチュアゴルフの名門校ですが、文隆は両校のゴルフ部のキャプテンを務めます。大学に入って早々にパー68のコースを2アンダーの66で回り、学校中の評判をさらいました。さらにアマチュア選手権で準決勝に進出するなど大活躍しました。日本からやってきた「Prince Konoe（プリンス近衛）」は米国ゴルフ界の寵児となったのです。

文隆は学習院初等科時代から、別荘のある軽井沢でゴルフをプレーしていた。来日した米国の名選手ビル・メルホーンやボビー・クルックシャンクらの指導も受けました。16歳で出場した日本アマチュア・チャンピオンシップでは、準々決勝まで進出して世間を驚かせました。

文隆の米国留学の世話をしてくれたのは、文麿と親しい樺山愛輔（かばやまあいすけ）伯爵でした。米国に留学した経験のある実業家で、日米協会会長も務められました。狭山の東京ゴルフ倶楽部の設立者のひとりで、若くして開花した文隆のゴルフの才能を伸ばすために尽力してくれたのです。

文隆はゴルフを離れても米国人を魅了しました。学校では親しみを込めて「Fumi（フミ）」「Butch（ブッチ）」と呼ばれていた。ブッチというのは文隆の愛称「ボチ」に由来します。幼い頃、「ボク」と言えず、「ボチが」「ボチが」と言っていた。祖母千代子はそれが可愛くてやめさせることができず、大人になっても家族から「ボチさん」と呼ばれていたのです。

59年（昭和34年）に刊行された文隆の追悼集をめくると、大学時代の同級生があるパーティーでの文隆のエピソードを披露しています。

「ビール瓶の口に置いたゴルフボールをドライバーで打って200ヤード先の芝生まで飛ばせるか」。寮の誰かが賭けを始めた。前の晩も徹夜で飲んでいたブッチは、ヒョロヒョロとした足取りで進み出た。一度だけアドレスして打つと、高々と上がったボールは一直線に芝生へ。10ドルを巻き上げたブッチは上機嫌だったが、懐で温めていたわけではなく、誰彼となく飲ませてしまった。それがブッチのやり方で、ひどく鷹揚な男だった――。

文隆が他界して四半世紀余りが過ぎた頃。大学の同級生が文隆を記念した奨学金制度を設立してくれました。文隆の甥で跡取りでもある私は、87年にプリンストン近衛奨学金創設式典でプリンストン大学に招かれた時、ご厚意に対する謝辞を述べました。「文隆は身長180センチ、体重80キロの偉丈夫で、その笑顔とユーモアは人々を魅了しました」。遠い日の記憶をたどりながら伯父の思い出を話すと、式典会場に集まった同級生たちは、「ブッチは本当にナイスガイだった」「日米親善を担うべき大切な人物だった」と、文隆を懐かしみ、その早すぎた死を惜しんでくれました。

千代子の悲しみ

文隆の「豪放磊落」な性格は、息子に負けず劣らず多くの逸話を残した文隆の母千代子譲りだったと思います。

1896年（明治29年）生まれの千代子は、大名から華族になった大分佐伯の毛利家の出身でした。華族女学校に通う電車のなかで文麿に見初められた。戦前からゴルフに興じ、東京ゴルフ倶楽部のレディスキャプテンも務めた活発な女性でした。あるゴルフコンペで気に入らない相手とラウンドした時には、股の間からパッティングをしてわざと怒らせたそうです。

後から聞いた話ですが、文麿には家の外に親しい女性が何人もいたようです。千代子はそういった女性たちとも仲良くなり、友達づきあいしたそうです。

終戦直後に文麿を亡くすと、湯河原の山奥に一軒家を構えました。そこでも、もんぺ姿に草履の底にびょうを打った即席のシューズを履き、ゴルフを楽しんでいた。文麿もゴルフはやりましたが、文隆の豪快なプレースタイルは母親譲りだったのかもしれません。

千代子は私たち孫には優しい祖母でした。幼くして母親を亡くした兄弟を気にかけてくれた。裁縫や料理が上手で、鎌倉の家に顔を出すと細々と身の回りの世話を焼いてくれました。特に祖母手作りのごま豆腐は絶品でした。私の結婚後は妻の甯子（やすこ）にも料理の手ほどきをしてくれました。

いつも明るくて気丈な千代子でしたが、戦争で夫に続いて長男も失い、すっかり気落ちしてしまった時期がありました。そんなある日、同じ湯河原在住で懇意にしていた元陸軍大佐町野武馬（まちのたけま）さんが、千代子を訪ねてきたそうです。町野さんは、もとは幕末の会津藩士で「頑固一徹」で鳴らした方です。日露戦争に従軍し、爆殺された満州の軍閥張作霖（ちょうさくりん）の最高顧問も務めた。数々の修羅場をくぐり抜けてきた壮士ですから、涙に暮れる祖母を見るなりなんのお構いもなく、「死んだものはどうしようもない」と一喝したそうです。

すると千代子はすぐに顔を上げて、「わかりました。もう泣きません」と、きっぱりと応じた。近衛家はこのようにして、先の大戦によってもたらされた理不尽な苦しみや悲しみと決別したのです。

俘虜郵便

文隆はソ連西部の抑留先で亡くなる直前まで、赤十字俘虜郵便（現在の赤十字通信）を介して、日本の家族とやりとりを重ねました。

赤十字通信は、戦争や災害によって通信手段が断たれた人々とその家族のあいだを国境を越えて結ぶ往復書簡です。赤十字国際委員会（ＩＣＲＣ）と各国の赤十字・赤新月社がその仲介役を務めます。赤十字の中立性に鑑み、手紙でやりとりできるのは私的な内容に限られます。軍事的、政治的な内容の書き込みは禁じられています。

文隆と正子の結婚写真

文隆は抑留された時、結婚から1年もたっていない新妻と引き離されてしまいました。

ハルビンで大谷光明師の次女正子と式を挙げたのは、１９４４年（昭和19年）10月でした。光明師は浄土真宗西本願寺21世門主明如上人の三男。留学先の英国で出会ったゴルフに魅せられ、日本ゴルフ協会の設立にも尽力しました。

文隆、正子夫妻は満州東部の下城子に新居を構えましたが、文隆は45年（昭和20年）6月、朝鮮国境近くの図們に駐留することになりました。その2か月後にソ連が参戦し、捕虜になったのです。10月に一度、ソ連の将校に伴われて正子のもとに戻りましたが、一緒に過ごせたのは3日間だけ。すぐにソ連の収容所に連れ戻されてしまいました。この3日間は、文隆が近衛文麿の長男であるかどうか、正子の反応を見て確かめるためだったと思われます。

それから7年余り、文隆は音信不通になりました。家族の頭の片隅には常に文隆の笑顔がありました。しかし、小中学生だった私は、ひとりで日本に引き揚げてきた正子、祖母千代子、父からも文隆の話を聞いた記憶がありません。無事を信じているものの、どうしても不安をぬぐい去ることができない――。そんな複雑な思いが家族の口をつぐませたのかもしれません。

終戦後も続いたそんな重苦しい沈黙を破ったのが、文隆の消息を知らせる俘虜郵便でした。52年（昭和27年）12月。何の前触れもなく第1便が家族のもとに届きました。

> 永年ノ消息不明デ、嘸御心配下サッタ事ト思ヒマス。幸カ不幸カ、マダ生キテヰマス。ソチラハ、皆サンオ変リアリマセンカ。家郷ノ事ヲ思ハヌ日ハアリマセン。正子ハ無事満州カラ帰リマシタカ――。

見慣れた端正な筆跡を見て、正子も千代子も「文隆は生きている」と安堵することができました。ここから3年10か月間、俘虜郵便を介した文隆と家族のやりとりが続きました。

バター、チーズ、砂糖、ベーコン、堅パン、チョコレート、煙草、羊羹、ビスケット、キャラメル、塩ブリの粕漬、八ッ橋、ココア、抹茶、紅茶、厚いセーター、毛のズボン下、厚毛の長靴下、毛の手袋——。

食料事情が劣悪で、冬は極寒に襲われるシベリアの収容所を転々とした文隆は、思いつく限り欲しいものを挙げ、送ってほしいと頼んできました。家族が手を尽くしてそろえた品々が届くと、こんな返信が届きました。

〈家カラノ便リト小包以外ニハ何ノ楽シミモナイ現在、ドンナニ嬉シカッタカ想像モツクマイ。ソレニモ増シテ里心ガツイテ、イテモ立ッテモ堪ラナイ様ナ気ガスル〉

抑留が長びくなか、文隆は〈亡キ父上ノ国民ヘノ申訳ノ為ニモ、僕ガ一番苦シンダト云フ事ニナレバ、決シテ無意味デハナイ〉と悲壮な覚悟をつづりました。そんな状況でも〈細川ノ「ヒロ」「テル」随分大キクナッタ事ダラウ〉と私たち兄弟を気にかけてくれました。

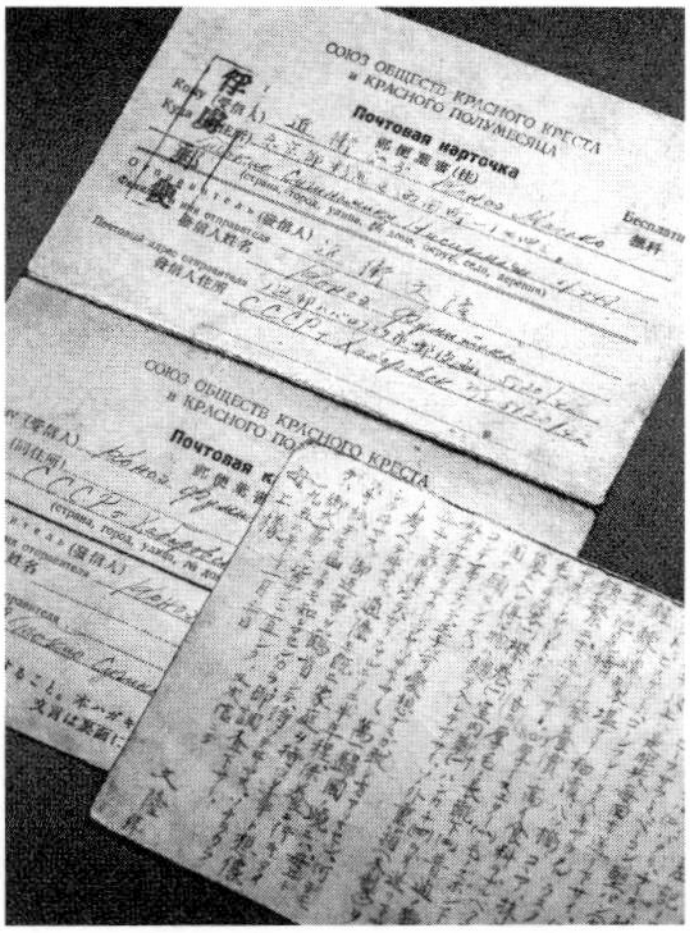

56年（昭和31年）9月23日付の第42便には、家族との再会を信じて疑わない強い気持ちがにじんでいます。

〈なつかしいマコ（正子のこと）。其の後如何。母上始め皆変りない事だらうと思つている。当方元気。（中略）日ソ交渉が十月中にでも成立すれば、今年中に帰国出来るだらう。

文隆と家族をつないだ俘虜郵便

「鳩山さん頼りにしてまつせ」と云ふのが我々の気持。兎に角喜の日迄もう少しお互に元気で頑張らう〉

この頃、日本とソ連の戦争終結と外交回復を協議する日ソ交渉が、大詰めを迎えていました。当然ながら、ソ連に抑留された日本人の送還も協議の対象になりました。私たち家族は、文隆と再会できる日は近いと期待に胸を膨らませました。

ところが、この第42便がソ連から届いた最後の赤十字通信になりました。モスクワの北東約３００キロにあるイワノボ収容所にいた文隆は、10月23日に急に体調を崩しました。29日未明に意識を失い、そのまま息を引き取ってしまったのです。鳩山一郎首相がモスクワで日ソ共同宣言に調印してから10日後のことでした。

ソ連は文隆の死因を「急性腎臓炎」と説明しました。だが読売新聞はこの2か月後、「近衛文隆氏は殺された？　スパイ強要を拒み　ラストヴォロフ氏証言」という見出しを付して、元駐日ソ連大使館一等書記官の次のような証言を伝えています。

〈ソ連は大戦後、近衛文隆氏を逮捕し、ソ連のスパイ要員に採用するという条件で釈放を申し出たが、彼は拒絶した。それでソ連当局はこの申し出の発覚を恐れ、近衛氏を抑留し続けることに決定、彼の生命を縮めるような悪い待遇を与えたものと思われる〉

正子はのちに刊行された文隆の追悼集で、夫の訃報に触れた時の心境をこのように明かしました。

〈喜びを目前にしていただけに私は茫然とした。悲しみよりも、怒りがこみあげた。そんな馬鹿なことがあるものか、という思いと、とうとう最後のどたん場でやられた、というにがい気持が入りまじつて、ただ無性に口惜しかつた〉

文隆の死の真相はいまだに謎のままですが、〈最後のどたん場でやられた〉という思いは家族全員に共通していました。収容所そばの集団墓地に文隆の亡骸が埋葬されたという知らせが届くと、正子は「夫の遺骨を祖国に還す」と決意しました。文麿の内閣で書記官長（現官房長官）や司法大臣（現法務大臣）を務めた風見章さんがソ連を訪問すると聞き、正子はブルガーニン首相に宛てた嘆願書を風見さんに託しました。

風見さんの訪ソ後、「赤十字を通じて申し入れてほしい」というソ連側の意向が、近衛家に伝えられました。日ソ両国の赤十字社を介した交渉を経て、正子はソ連入りを果たします。現地で荼毘に付した夫の遺骨を抱いて帰国したのは、58年（昭和33年）10月のことです。文隆と生き別れになってから13年の歳月が流れていました。文隆と正子が、夫婦そろって日本の土を踏んだのはこの時が初めてでした。

語り継ぐ肉声

日米開戦60年を迎えた２００１年（平成13年）。文隆の生涯が劇団四季のミュージカル「異国の丘」で甦りました。総指揮は、劇団の主宰者浅利慶太さんでした。この作品の着想は、文隆の波瀾万丈の生涯と謎の死をテーマにした西木正明さんの小説『夢顔さんによろしく』から得たものでした。

私はかねて浅利さんとは親しく、劇団の公益活動のために設立された一般財団法人「舞台芸術センター」の評議員を引き受けるような間柄でした。舞台化の構想段階で、「制作の参考にしたいので文隆さんの話を聞かせてほしい」と頼まれて、2人で飲みながら、伯父文隆の思い出やソ連の抑留に対する親族の思いを伝えたことがありました。文隆ならば、こうした状況ではこんな風に行動したのではないか——。作品のプロット作りに協力してそんな助言もしました。それから間もなく、浅利さん直筆の脚本のコピーが届きました。

10月、「異国の丘」は東京浜松町の四季劇場「秋」で初演を迎えました。私たち家族もそこに招待していただきました。

劇中の主人公は日本の首相の長男九重（ここのえ）秀隆（ひでたか）。留学先の米国で中国人女性と知りあい、秀隆は恋に落ちます。日中のあいだに戦雲が垂れ込めるなか、2人は協力して和平工作を試みたが失敗してしまう。女性は命を落とします。日本軍の懲罰的な召集で満州に配属された秀隆は、やがてソ連軍に捕らえられ、そのままシベリアに抑留されたが、強靭な精神力で苛酷な強制労働に耐え、ソ連側にスパイを強要されても拒み続けます。しかしついに力尽き、帰国を果たせぬまま命を落としてしまう——。そんなストーリーでした。

文隆は父文麿の首相秘書官を辞した後、中国に赴任した時期がありました。日中友好を担う人材を育成するため、文隆の祖父篤麿が上海に創設した「東亜同文書院」に籍を置いたのです。当時の上海租界では「文隆が蔣介石との和平交渉を工作する特務機関に出入りしている」「中国人女性のスパイが文隆に接触した」といったうわさ話が駆けめぐっていたそうです。浅利さんはそうした虚実ないまぜの逸話を劇中に巧みにちりばめ、観客を魅了する舞台を創り上げました。

この作品は「20世紀の悲劇を語り継ぐ」とうたった劇団四季の「昭和の歴史3部作」のひとつに数えられています。「異国の丘」の3年後には、日本の南方占領と戦犯の裁きを題材にした「南十字星」が発表されました。このシリーズの1作目は1991年（平成3年）に初演を迎えた「李香蘭（りこうらん）」です。この作品の主人公は、満州生まれの日本人でありながら、日本語の話せる中国人女優李香蘭として、戦中の国策映画で主役を演じ続けた山口淑子さんでした。その山口さんご本人も「異国の丘」の初演に招待されていて、私は隣り合った席で観劇しました。

山口さんとは35年前、新婚旅行で訪れたジュネーブで初めてお会いしました。ご主人の大鷹弘さんが外交官で、甯子を伴ってお訪ねしたジュネーブ大使青木盛夫さんのもとで働いていたのです。山口さんはすでに女優業を引退し、大鷹さんの任地でお過ごしでした。ジュネーブではみんなで食卓を囲んだりカジノに繰り出したりと、親しくおつきあいしていただきました。「伝説の女優」と間近に接し、世の中にこんな綺麗な人がいるのかと驚いた記憶があります。山口さんはその後、参議院議員を務められましたが、2001年当時はすでに政界を引退されていました。従軍慰安婦に償う「女性のためのアジア平和国民基金」の副理事長に就任し、戦争に翻弄された女性に寄り添う活動に取り組まれていました。

私たち家族はこの日、観劇を終えた後、浅利さんと一緒に食事することになりました。「劇団の俳優さんの歌と踊りも一流で、戦争の悲劇がよく伝わる作品だった」。私はそんな感想を浅利さんに伝えました。ただ、文隆の妻であり私の養母でもある正子はこの日ずっと言葉少なでした。

正子は2017年（平成29年）に92歳で亡くなりました。それまで文隆から届いた俘虜郵便をずっと手元に置いていました。いまではすっかり変色していますが、俘虜郵便はすべて京都の「陽明（ようめい）文庫」に保管してあります。

陽明文庫は、近衛家伝来の品々の散逸を防ぐため、祖父文麿が1938年（昭和13年）に建てた収蔵庫です。仁和寺に隣接する敷地に、高床式の鉄筋土蔵造りの書庫2棟が並んでいます。その名称は、近衛家の屋敷がかつて、平安京内の天皇の居所大内裏（だいだいり）を守る「陽明門」の近くにあり、家の別名が「陽明」だったことに由来します。

この収蔵庫に、先祖代々の日記、朝廷の公事や儀式の記録、数々の書状、美術品など国宝8件、重要文化財60件を含む計十数万点が保管されています。最も貴重とされる藤原道長自筆の「御堂（みどう）関白記」は国宝に指定されています。現存する世界最古の直筆日記として2013年（平成25年）、国連教育科学文化機関（ユネスコ）の記憶遺産にも登録されました。

近衛家は室町時代の「応仁の乱」で京の都が焼け野原になった時も、先祖伝来の品々を疎開させて守り抜きました。文隆と私たち家族をつないだ70年前の俘虜郵便も、先の大戦と対峙した近衛家の肉声を伝える貴重な史料として、大切に保管されているのです。

婚約、結婚、新婚生活

三笠宮家第一女子と婚約

私が近衛の養子になる話と並行して結婚の話も進みました。妻となる寧子（やすこ）は三笠宮崇仁（たかひと）親王の第一女子です。大正天皇の孫にあたる内親王でした。

三笠宮殿下は大正天皇の第四皇子で、昭和天皇、秩父宮殿下、高松宮殿下と３人の兄宮がいらっしゃった。私の父護貞（もりさだ）は、高松宮殿下が進められた終戦工作のため、情報を収集する役目を仰せつかった間柄でした。

三笠宮家には、寧子に縁談が３人の方からあったそうです。そのいずれもが、「細川家のご次男がいいのではないか」というお話でした。

私が日赤に入社して間もない頃、こんなことがありました。島津忠承（ただつぐ）社長に呼ばれて部屋に出向くと、秩父宮妃勢津子（せつこ）殿下、高松宮妃喜久子（きくこ）殿下、寧子の母上の三笠宮妃百合子（ゆりこ）殿下が、おそろいでいらっしゃいました。その席ではごあいさつしただけで辞去しました。3妃殿下はいずれも日赤の名誉副総裁に就任されていた。この日も、本社に集まって乳児の肌着などを縫う「裁縫奉仕」を終えられた後だったので、特別なこととは思いませんでした。

実際は、甯子の母上や甯子にとって伯母にあたる妃殿下方のお眼鏡にかなうかどうかの「面接」だったようです。ほうぼうから私を薦められた百合子妃殿下がまず、高松宮妃殿下に「娘の相手としてどうでしょうか」と相談された。そこで、「とりあえず会ってみましょう」という話になり、秩父宮妃殿下もお誘いになったうえで、お3人の妃殿下が日赤にお出ましになる機会に、という顚末でした。

甯子と初めて顔合わせをしたのは1965年（昭和40年）の3月でした。場所は東京・高輪の旧高松宮邸の迎賓館「光輪閣（こうりんかく）」。甯子は百合子妃殿下、私は叔母の中嶋敏子と一緒でした。敏子は父護貞のすぐ下の妹で、高松宮妃殿下とかねてお親しい間柄だったので、付き添い役を引き受けてくれたのです。

甯子は当時20歳。学習院大の2年生でした。甯子によると、まだまだ結婚するとは思っておらず、大学で教職課程を取り、卒業したら社会に出て働いてみたいという夢も持っていたそうです。あの日、光輪閣を訪れたのは、百合子妃殿下から「高松宮邸でお雛様を拝見しましょう」と誘われたからだったということでした。

このお雛様は、喜久子妃殿下が30年（昭和5年）にご実家から持参されたお嫁入り道具のひとつでした。雛壇は高さ3・6メートル、横幅5・9メートルもある立派なものです。高松宮妃殿下は江戸幕府最後の将軍慶喜の孫で、徳川家のご出身ですから、調度品の一つひとつに葵の御紋もあしらわれていました。

甯子は以前にもこのお雛様を拝見する機会があったので、そのつもりだったようです。ところが、いざ出向くと、妙に自分のことをじろじろと見てくる男がいた。それがお見合い相手の私だったわけです。

私はそれまで甯子を直接見かける機会はありませんでしたが、女性誌のグラビアなどで知っていました。光輪閣で会った時の印象は、「写真よりもやせているな」でした。この時の品定めするような私の視線で気分を害したのか、甯子の方の第一印象はあまり良くなかったようです。

私は甯子に好意を持ちました。ただ、皇室に対して失礼があってはならず、こちらから「良い」「悪い」と言えるわけでもありません。甯子もまだ学生でしたから、どうすべきか決めかねていた。それでもう少し会ってみましょうという話になりました。ただ、甯子は皇室の一員でしたから、「正式に決まるまではマスコミに知られないように」という配慮が求められたため、引き続き光輪閣で会っていました。

ところが、夏を迎えた頃、〈甯子さま　近衛忠煇氏とご婚約へ〉と、女性誌に報じられてしまいました。そこからのマスコミの取材攻勢はすさまじかったです。

三笠宮家は、戦争末期の空襲で宮邸が焼失してしまったため、品川区上大崎長者丸に一軒家を構えていました。赤坂御用地とは違い、塀に囲まれていて、皇宮護衛官が守ってくれるというわけではありませんでした。甯子が自宅を一歩出ると、門の前で報道陣が待ち構えていて、通学の電車や学習院のキャンパスのなかまで追いかけ回しました。「自分のことで周囲の人々に迷惑がかかってしまう」と甯子はかなり悩んだようです。

程度の差こそあれ、私も似たような状況でした。ただ、別に悪い事をしているわけじゃない。私は堂々と報道陣の前を通り、「ご苦労さまです」「私なんて追いかけて暇ですねえ」「暑いのに大変だ」などと、軽口をたたいていました。

そのうち、記者やカメラマンと仲良くなりました。私たちの結婚では事実と異なる記事も見かけましたが、報道に携わる人の多くは、真実を追うために頑張っている人たちです。この時の取材合戦がきっかけでつきあいが始まり、その後、日赤の仕事で協力してくれた人もいました。

私たちの婚約は7月28日に発表されました。当然、三笠宮家に結婚のごあいさつに伺ったはずですが、その時のことはよく思い出せません。甯子によると、居ずまいを正して「お嬢様をいただきたい」「必ず幸せにします」と三笠宮両殿下の前でかしこまるようなこともなく、リラックスした様子でごくごく普通に話していたそうです。

三笠宮殿下は「庶民的な宮様」と呼ばれ、国民に親しまれていらっしゃいました。戦後、古代オリエント研究の道に進み、大学で学生相手に教鞭も執られた。国民の生活を豊かにするため、レクリエーションやスポーツの普及にも尽くされました。普通に電車を利用したり、ラジオ番組に出演したりと、日常のお過ごしぶりもオープンな方でした。細川家の軽井沢の別荘にいらっしゃったこともあったので、私もかしこまらずに自然体で接することが許されたのだと思います。

ご成婚事業で海外視察

寗子との結婚の準備を進めていた翌1966年（昭和41年）。「日本青年海外派遣団」に参加しました。59年（昭和34年）の皇太子同妃両殿下（現上皇上皇后両陛下）のご成婚を記念して、岸信介首相の発案で始まった事業でした。地域や職域から推薦された若者を世界各地に派遣し、視野を広げてもらい、各国との国際親善を担ってもらう。そんな狙いがありました。

私は第8回派遣団「アジア中班」の団員12人のひとりとして、インドをはじめ、セイロン（現スリランカ）、ネパール、ビルマ（現ミャンマー）、カンボジアを視察しました。派遣団の報告書を読み返すと、9月16日の出発日のところに〈横浜へ。16時乗船。三笠宮両殿下、関係者、団員友人、家族多数の見送り〉という記述がありました。ここには書かれていませんが、婚約者の寗子もご両親の両殿下と一緒に横浜港に来てくれました。

日本青年海外派遣団は、政府の肝いりの事業でした。日本の在外公館の支援も手厚く、各国で準国賓級の礼遇を受けました。インドでは首相官邸を訪れ、初代首相ネルーの娘で第5代首相に就任したインディラ・ガンジーさんと懇談する機会も設けられました。「日本や欧米では、産業の近代化がある程度進んだ後に政治的、社会的覚醒が起こったが、インドはその順序が逆になっていろいろ問題があるのです」。首相は母国の現状を率直に語ってくれました。私はこの2年後、日赤の仕事でインドとネパールを訪れるのですが、派遣団の視察で得た知識や経験がさっそく役に立ちました。

私たちアジア中班の視察は11月17日まで計63日間に及びました。行く先々でいろんな出会いがありましたが、なぜか最も懐かしく思い出されるのは、横浜港を出発したフランス郵船「カンボージュ号」でご一緒した薩摩治郎八（さつまじろはち）さんのことです。

バロン薩摩

薩摩治郎八さんは、戦前のヨーロッパ社交界に数々の伝説を残した日本人です。実家は木綿の商売で巨万の富を築いた東京日本橋の問屋でした。薩摩さんはその3代目ですが、英国に留学したままヨーロッパに居ついてしまいました。パリの高級住宅街に住み、ジャン・コクトーやイザドラ・ダンカンら当代一流の有名人と親交を深めました。画家藤田嗣治をはじめパリで活躍する日本人も支援した。そして、パリっ子の注目を集めたのが、億単位の私費を投じ、パリ国際大学都市に留学生の宿舎「日本館」を建設したプロジェクトでした。その功績でフランス政府は薩摩さんに対し、レジオン・ドヌール勲章を贈りました。

「東洋のロックフェラー」と呼ばれたその資金力を支えたのは、実家からの仕送りだったそうです。薩摩さんがヨーロッパで蕩尽した総額は、現在の価値で600億円とも800億円とも言われます。ただ、1929年（昭和4年）の世界恐慌で実家の商売が傾き、さらに日本が敗戦を迎え、薩摩さんは51年（昭和26年）に日本に帰国しました。その後、回顧録や随筆を残して気ままに暮らしていると、フランスから改めて、芸術文芸勲章が贈られることになったのです。

ここまで話が長くなりましたが、私たち派遣団のメンバーは、勲章授与式のためにフランスに向かう薩摩さんと同じ船に乗り合わせたのです。

〈映画「アラビアのロレンス」の主人公T・E・ロレンス中佐と知りあった〉〈英首相チャーチルの息子が留学先のオックスフォードの親友で、一緒にカサブランカに行って外人部隊に入った〉〈パリで恋のさや当てに巻き込まれ、ヨーロッパ貴族とピストルで決闘した〉。私が雑誌で読んでいた薩摩さんのエピソードはどれも奇想天外で、どんな人物なのかと興味津々でした。薩摩さんは戦前にヨーロッパで美術品の蒐集にいそしんだ祖父護立のこともご存じだったのです。

船上の薩摩さんの傍らには、浅草六区で見初めて一緒になったという、30歳も年下の元踊り子の再婚相手がいました。かつてのような財産はなく、奥さんの故郷徳島に身を寄せていると聞きましたが、堂々としていた。薩摩さんはやることなすことヨーロッパ風で、日本人からは「なんだ、アイツは」と奇異な目で見られていました。ただ、一緒に過ごすうち、虚勢を張らず、何事にも正直で、相手が外国人であろうと有名人であろうと態度を変えない姿に好感を持ちました。私の目には「信頼できる器の大きな人物だ」と映りました。薩摩夫妻の船旅はフランスの文化担当大臣アンドレ・マルローの招待で、船上パーティーでは船長と同じテーブルに席が用意され、流暢なフランス語で場を盛り上げていました。マルローの代表作のひとつ『王道』は、カンボジアのアンコール遺跡で盗掘騒ぎを起こした実体験が基になりましたが、薩摩さんは「マルローが投獄された時、救援運動に協力して助けてやったんだ」と言っていた。「それを恩義に感じ、勲章をくれるとフランスに招待してくれたのはいいが、用意されたのは2等船室とケチな安ワインだよ」と笑っていました。その口調は辛辣でしたが、旧友への親愛の情がにじみ出ていた。たとえ爵位がなくても、パリの社交界が畏敬を込めて「バロン・サツマ（薩摩男爵）」と呼んだ理由がわかる気がしました。

薩摩さんと同乗したのは、私たちがコロンボで下船するまでの限られた時間でしたが、ヨーロッパ社交界を魅了したバロン薩摩との邂逅（かいこう）は、型にはまらない国際交流の奥深さを知る貴重な体験となりました。

アジア各国をめぐる旅を終え、帰国したのは11月17日のことでした。その翌日、他の団員2人とＮＨＫの朝の情報番組「スタジオ１０２」に出演した後、総理府、外務省、首相官邸と、帰朝の報告をして回りました。19日には団員全員で東宮御所にお伺いして皇太子同妃両殿下に視察の成果や感想をご報告しました。その席でバロン薩摩の話は出なかったと記憶しています。

装束にこだわり

私たちアジア中班は11月21日をもって解散しました。その日の報告書には、〈近衛団員から12月18日の三笠宮寬子様との結婚ご披露宴のお招きを受け、メンバー全員上京して列席する事とし、当日の再会を約し解散する〉と書かれていました。

私たちの結婚の日取りは、当初、寬子が大学を卒業する翌1967年（昭和42年）3月を待ってという話でしたが、早まりました。私はサラリーマンなので、年末年始が最も休みやすい。だからと言って1年待つのは婚約期間が長くなり過ぎる。両家のあいだでそれはよくないだろうという話になったのです。私はそれでよかったのですが、寬子は結婚の準備を進めながら卒業論文を書き上げなければならず、大変な思いをしたようです。

結婚式場は皇族方が戦後使われてきた光輪閣ではなく、62年（昭和37年）に完成したホテルオークラにしました。光輪閣は収容人数に限りがあったのです。寬子の行きつけの美容院が入っていたこともあり、広い会場を確保できるオークラに決めました。当日は、皇太子同妃両殿下（現上皇上皇后両陛下）をはじめとする皇室の方々、元皇族や旧華族の親類、佐藤栄作首相ら三権の長も来賓としてご臨席いただきました。

私としては式場はどこでもよかった。ですが、式で身につける装束にはこだわりました。

当時の女性皇族の結婚は、新婦はおすべらかしの髪に小袿（こうちぎ）、手に檜扇（ひおうぎ）と、古式ゆかしい出で立ちでしたが、新郎はなぜかモーニング姿だった。私はかねてこの和洋折衷に違和感があったのです。自分の結婚式は、かつての公家の伝統的な装束を着て臨むのだと心に決めていました。

三笠宮家は戦中の空襲で宮邸が焼失してしまいましたが、百合子妃殿下の小袿は焼け残った蔵のなかで奇跡的に無事でした。近衞家では、祖父文麿が着た装束が行方知れずになっていた。そこで、私の考えに賛成してくれた祖母の千代子が代わりの装束をあちこち探してくれたのですが、なかなか見つかりませんでした。式が間近に迫った頃になってようやく浅草で装束を扱っている貸衣装の業者を見つけることができました。

ともに装束姿で結婚式を挙げた

結婚式の当日、ホテルの控室で、上衣（うわぎぬ）の黒の袍（ほう）、紫地に鳥襷（とりだすき）を浮き織りした袴を身につけました。古来の浅沓（あさぐつ）を履き、笏（しゃく）を手にすると、それらしくなりました。細川家の口の悪い親族たちは、「神主さんかと思った」「便所の下駄じゃないのか」とはやし立てましたが、私はできる範囲ながらも近衞家の伝統や家風を守ることができて、満足でした。

3人暮らし

結婚式の翌日から2週間ほど、ヨーロッパに新婚旅行に出ました。事前に、記者さんたちには「照れくさいので日赤の休暇などを利用して、海外に行きたい」と説明していましたが、わけあって初めから国内旅行は選択肢にありませんでした。

1960年（昭和35年）に結婚された昭和天皇の五女貴子内親王と夫の島津久永さんご夫妻の新婚旅行のことがあったのです。ご夫妻が佐土原（さどわら）島津家ゆかりの宮崎をめぐるご様子をマスコミが追いかけ、大騒ぎになった。それを覚えておられた百合子妃殿下は、「国内旅行をしたら大騒ぎになってしまう」と心配されました。甯子は結婚前にご両親と米国を旅行していましたから、私にはヨーロッパを見せたいという気持ちもありました。マレーシアのペナン島でゆっくり過ごすという案も出ましたが、百合子妃殿下がご存じない島だったのでやはり心配され、ではヨーロッパ旅行にという話に落ち着きました。

当時の国際線は南回りしかなかったので、ヨーロッパまで25時間かかりました。機内では忍耐力を要しましたが、降り立ったローマでレンタカーを借りると、フィレンツェまで足をのばしました。続いて空路でジュネーブ、パリ、ロンドン、コペンハーゲンとめぐり、ヨーロッパの多様な文化や風景を2人で満喫しました。バチカンで当時のローマ教皇パウロ6世とお会いしてごあいさつする機会もありました。

新婚旅行から戻ると、新居を構えた麻布鳥居坂の分譲マンションで、私、甯子、養母正子の3人の暮らしが始まりました。このマンションは、正子が住んでいた千駄木の家と土地を売って買い替えたものです。そこには作曲家の黛敏郎（まゆずみとしろう）さん、シンセサイザー奏者の冨田勲さんといった各界で活躍されている方がお住まいでした。

日本でマンションの建設ラッシュが始まったのは、64年（昭和39年）の東京五輪の頃からです。まだ珍しかったので反対する声もありましたが、都心で同じ広さの一戸建てを持つのはとても無理でした。

甯子は結婚前、上大崎長者丸に住んでいたとお話ししました。そこは立派な邸宅だったのですが、築年数はかなりたっていました。天井の隙間から空が見えたり、廊下の床木のあいだからは地面がのぞいていたり。私の住んでいた目白台や鎌倉の自宅も戦前の建物で、同じようにあちこちにガタがきていました。新築のマンションに移り住んだ時は暖房完備ですきま風もなく、ありがたかったです。

甯子は学生のまま結婚したので、養母の正子から家事や料理を教わることもありました。私が夜に大音量でクラシックのレコードをかけながら、指揮者を気取るようなこともあり、「さぞやご迷惑だったのでは」と、甯子に心配されたこともたびたびでした。私はまったく意識していませんでしたが、考えてみれば、血のつながっていない3人がいきなり同居を始めたわけです。養母であり伯母でもある正子には、いろいろと気を使わせてしまったのではないかと、いまさらながら反省しています。

甯子とともに

占領下の沖縄へ

結婚の翌年に夫婦で沖縄を訪れました。１９６７年（昭和42年）ですから、沖縄がまだ米国の占領下にあった時代です。そのきっかけは、沖縄赤十字社（沖赤）から日赤に届いた「救急車がほしい」という要請でした。

日赤も十分な資金力はない時代でしたが、なんとか要請に応えようと、週刊誌の短信欄を通じて協力を呼びかけることにしました。外事部の私が担当になり、〈沖縄に救急車を贈りたい〉という一文を投稿すると、トヨタから連絡がありました。ライトバン型の「マスターライン」を１台提供してくれたのです。

沖縄訪問の目的は、沖赤への救急車の引き渡しでしたが、それに向けた準備を進めるうち、沖縄側からさらに、「甯子(やすこ)さまをご同伴願いたい」という要請も届きました。

沖赤への救急車贈呈に夫婦で立ち会う

皇室にゆかりのある人物で戦後、沖縄本島に入ったのは、甯子が初めてとなりました。この時、あわせて訪問した八重山や宮古では、史上初のできごとなのだと聞きました。いつの間にか、日赤の一職員の出張の枠を超えた旅になってしまいました。

この沖縄訪問を記録した写真のアルバムを開くと、当時の旅程表も保管されていました。日程は9月18日から24日まで。沖縄に到着してすぐ後の記者会見に始まり、琉球政府の行政主席や米民政官に対する表敬訪問など、公的な色彩が強い行事がいくつも詰め込まれていました。

救急車の引き渡し式は19日の午前中で、大きな鍵のレプリカを沖赤に贈呈する場面に立ち会いました。その日の午後は南部戦跡を訪れました。無名戦士の墓、ひめゆりの塔、健児の塔、島守の塔などをめぐりましたが、最初に向かったのは、沖縄戦の連合軍最高司令官で視察中に戦死したバックナー中将の記念碑でした。沖縄が米国の占領下にあることを念頭に置きながらの戦没者慰霊となりました。

日赤職員としての任務は救急車の引き渡しがメインでしたが、もうひとつ、「沖赤の日赤復帰」をにらんだ協議にも臨みました。沖赤はかつて日赤のひとつの支部だったのですが、沖縄が52年（昭和27年）に米国の統治下に入ったため、それ以降は、赤十字の「一国一社」の原則に従い、日赤からは独立した組織として活動していたのです。

当時の沖赤の活動を視察してみると、沖縄の医療環境はかなり深刻な状況にあることがわかりました。

占領下の沖縄では、日本政府にかわって「南方同胞援護会」という特殊法人が福祉支援を担っていました。赤十字病院の設備や機器はそれなりに整っていたのですが、そこで働く医師や看護婦は圧倒的に不足していました。当時の世界保健機関（ＷＨＯ）の調査では、医師１人当たりの人口数は、日本本土が９０３人であるのに対し、沖縄は２５３７人という厳しい状況でした。八重山や宮古では、本土から派遣された医師や元衛生兵らを代用した「医介輔（いかいほ）」による診療が、かろうじて続けられていました。「医師を本土に留学させても戻ってこない」「僻地に行きたがらない」という悩みも聞きました。

自動車の急増によって交通事故件数もうなぎ登りで増加していて、救急患者への対応は喫緊の課題でした。救急車は当時、人口１００万人近い沖縄本島にたった4台しかありませんでした。この時の日赤からの寄贈により、八重山に１台配備されましたが、宮古は未配備という状況でした。島民の献血事業に対する理解も不十分でした。沖縄で必要な血液の量は、月1500本（1本250cc）と言われていましたが、開所間もない沖赤の血液センターには、60本分しか集まっていませんでした。沖縄の人々の命や健康を救うための支援がさらに必要なことは明らかでした。

沖赤幹部との協議では、常務理事も事務局長も、日赤への早期復帰を望んでいることがわかりました。だがこの当時は日米政府の沖縄返還交渉のまっただなかです。もし、こうした状況下で、沖赤の復帰について米国側から明確な「ノー」を突きつけられてしまうと、政府間交渉によからぬ影響を及ぼす恐れもありました。そこでここでの協議には「米国側を刺激しない」という条件を付しました。「沖赤の名称を残しつつ日赤の名称も併用することで一体性を高める」といった案を検討したり、「琉球民法の法人格を有する沖赤と日赤との法的な関係をどうするか」といった課題について意見交換したりしました。

実は、私の沖縄入りが決まった後、外務省にいた旧知の渡邉允(まこと)さん（ヨルダン大使、侍従長などを歴任）から、「返還交渉の参考にしたいので、沖赤復帰に対する米側の感触を教えてほしい」という依頼を受けました。おそらく、渡邉さんは外務省の幹部から指示を受けていたのではないでしょうか。

私たち夫婦を歓迎するために現地で催された晩餐会で、米国側トップのアンガー高等弁務官は、「日赤の救急車の寄贈は有意義である。沖縄の福祉に日赤が協力してくれたら歓迎したい」とあいさつしました。カーペンター民政官からも同じような趣旨の発言があった。こうした態度から、米国側は日赤と沖赤の連携強化に少なくとも好意的ではあると、私には映りました。

1週間の沖縄訪問を終えて帰京すると、沖赤の日赤復帰について協議した報告書をまとめました。それを見た上司は「こんな微妙な時期に日赤が先頭を切って動くなんてとんでもない」と大反対でした。社内の会議にも諮りましたが、「異なる法体系にある沖赤に日赤の名称を使わせるのは不安がある」「沖赤の幹部が日赤支部化を望んでも、島民全体の意思はどうなのかわからない」など、慎重な意見が大勢を占めました。

最終的に日赤としては、日米政府の沖縄返還交渉の行方を見守り、さまざまな政治的、法的な問題が政府間で解決されるのを待つほかない、という結論に落ち着きました。外務省の渡邉さんから依頼された話もそのまま立ち消えになってしまいました。力及ばず残念でした。

当時の報告書には、沖縄の各地をめぐり、島民から聞いた要望も列記されています。〈理科の実験用の教材がほしい〉〈小中学生向けの図書がほしい〉〈救急患者を輸送する高速モーターボートがほしい〉〈結核の検診車がほしい〉。日赤の力だけでは実現しない要望もありましたが、沖縄の人たちの本土に対する期待の大きさが伝わってきました。ちなみに、要望のトップに挙がったのは、〈皇太子ご夫妻（現上皇上皇后両陛下）のご来島が実現するよう、取りはからってほしい〉という要望でした。沖赤が日赤の支部に復帰したのは、沖縄が返還された72年（昭和47年）5月15日です。皇太子同妃両殿下の初めての沖縄訪問は、その3年後に実現しました。

60年代の国際交流

沖縄訪問と同じように、夫婦で招かれて外国を訪問したことがありました。1968年（昭和43年）に東京の次のオリンピック開催地メキシコを訪れました。

グスタボ・ディアス・オルダス大統領のご招待で、甯子と一緒に開会式に出席しました。五輪初の銅メダルを獲得したサッカー日本代表の試合も観戦しました。この旅はサントリーの社長佐治敬三ご夫妻と一緒でした。

サントリーは60年代、初の本格的な海外事業をメキシコで展開していたのです。メキシコで活躍した日本人園芸家松本辰五郎さんのご家族にも会いました。19世紀末にいち早く移民してきた辰五郎さんは庭師の腕が認められ、メキシコ独立100周年の式典で会場の造園を任されるなど、日本人の地位向上に貢献した方でした。ご子息の三四郎さんも園芸農業で成功した実業家です。サントリーの現地法人の社長も務めていた関係で、佐治ご夫妻と一緒に歓待していただきました。

このメキシコ訪問に先だって、日本外国特派員協会に夫婦で招かれて講演したことがありました。テーマは〈Life near the Chrysanthemum Curtain〉でした。「菊のカーテンのお側の暮らし」とでも訳せばいいのでしょうか。特派員協会が配付した私の略歴には〈元首相の文麿と細川侯爵の孫で、近衛家に養子に入り、勤務先の日赤は皇后陛下が名誉総裁を務め、妻は天皇陛下の弟三笠宮殿下の長女〉と書かれていました。外国特派員のみなさんは、どこか神秘的に映る日本の皇室やその藩屏（はんぺい）となってきた旧華族の内幕話を期待していたのだと思います。

「私の一族は仰々しい爵位というものを失いましたが、一般国民と同じように、全学連に参加し、好きに暮らす自由を得ました。ご先祖は私たちの楽天的な暮らしを墓のなかでうらやんでいるでしょう」「英王室のフィリップ殿下（エリザベス2世女王の王配）に限らず、奥さんの社会的地位がはるかに上だと、夫はバツの悪い思いをすることになるので、女性皇族が結婚後、一般国民になるシステムは私にとってはありがたいものです」

スピーチはすべて英語でした。冒頭でちょっとした笑いを挟みながら、率直な胸の内を披瀝しました。ただ、インサイド・ストーリーに終始してしまうのは本意ではありませんでした。「私は皇室とあまりにも近い。宮家の暮らしを批判したり、事情通としてコメントしたりするのはよろしくないでしょう」。そうやんわりと断りを入れて、皇室にお支えいただいている日赤の組織や活動について、私なりの問題意識を織りこみながらお話ししました。各国の特派員が集まるせっかくの機会ですから赤十字のPRに活用させていただきました。

甯子と結婚してしばらくは、元華族と元皇族の夫婦として何かと注目されました。制度上は2人とも一般国民なのですが、自分の置かれた立場や役割を忘れるわけにはいきませんでした。戦前を知る世代が大勢を占めていた時代です。ある程度やむをえないことだと、受け入れました。それと同時に、皇室とご縁のある者としてできる範囲でチャリティー・イベントにも協力させていただきました。天皇皇后両陛下が臨席される慈善事業の集まりや宮中行事などにも夫婦で出席してきました。

私たちの結婚は、戦後復興を遂げた日本が国際交流に力を入れ始めた時代と重なりました。各国の在京大使館が、本国の独立記念日、キングやクイーンの誕生日に催すパーティーによく招かれました。甯子と連れだって参加すると、元華族と元皇族のカップルの先輩にあたる、島津久永さん、貴子さんのご夫妻と間違われることもありました。

ヨーロッパでは、貴族の子女の社交界デビューを祝う「Debutante（デビュッタント）」と呼ばれる舞踏会が開かれます。それを東京でやろうという計画が持ち上がり、夫婦で駆り出されたことがありました。私たち夫婦は一番若手で、事前に何度か集まりヴィエナワルツのステップの練習をさせられました。当日の会場はホテルオークラで、演奏は世界的な指揮者ゲオルグ・ショルティが率いるウィーン・フィルという盛大な催しでした。ドイツやフィンランドなど欧州各国の在京大使のほか、ハプスブルク家からも姉妹が参加されました。英国のエリザベス女王のいとこにあたるウィリアム・オブ・グロスター公もおいでになりました。

日本の社交界が華やかなりし時代でした。こうした機会に知己を得た駐日大使が本国に帰任後、政府の閣僚になり、赤十字の仕事を助けてくれたこともありました。それも１９７０年代のオイルショックを境として、社交界の慣習は変化しました。各国の政府や企業で交際費を節減する動きが広がり、夫婦そろってのパーティーも減りました。次第に「Stag（スタッグ、牡鹿の意）」と呼ばれる男性だけの集まりが増えていきました。

第3章　戦後の人道支援

ネパールの
孤児たちと

現場を知る

インド大陸を行く

1968年（昭和43年）には、前年に訪問した沖縄赤十字社に続き、ネパール赤十字社にも救急車を寄贈しました。この時もトヨタが、山岳仕様に改造した四輪駆動車「ランドクルーザー」を提供してくれました。日本からインドまで船で輸送し、荷揚げした車両をカトマンズまで運転して運びました。

陸送班のクルーは5人。私とトヨタの技術者のほか、雑誌社とフリーのカメラマンがひとりずつ、NHKの記者も加わりました。メディアの3人は、この道中を記録して報道するために同乗しました。フリーカメラマンは、私たち夫婦が追いかけ回された結婚報道の現場で知りあった人でした。

救急車を寄贈したトヨタにとっては、「険しい山道でも走れます」と自社製品の性能をアピールできるよい機会です。「日赤ランドクルーザー隊」のネパールへの旅は、いまで言う、「メディア・ミックス」の先駆けとなる事業でした。

陸送班は2月初旬に現地入りすると、カルカッタ（現コルカタ）で名古屋から届いたランドクルーザーを受けとりました。そこからインドを北へと縦断し、ネパールの山を越え、カトマンズまで1138キロを走破する計画でした。

カルカッタを発つ前夜、現地駐在のネパール総領事のお宅に招かれました。

総領事のラマさんはグルカ兵の元将軍でした。第2次大戦中、日本軍と戦った歴戦の勇者で、宴席で酒が進むと興に乗って武勇伝を披露してくれました。

「あれは1943年だった。12人の破壊工作隊を率いてビルマのジャングルを潜行していたら、岩陰から突如、日本兵が現れて狙い撃ちされた。わしは太ももに熱いものを感じたが、ものともせず撃ち返すと、日本兵は額に弾丸を受けて倒れた。見るとまだ若く、その胸元から奥さんと子供の写真がこぼれ落ちた。当時、わしは独身だったが、初めて軍人として、ひとりの人間として、運命について考えさせられた」

「ジェネラル・ラマ」の懐古談はさらに続きます。「グルカ兵はビルマで2万人を失い、わしも3度重傷を負った。日本兵は逃げられないとなると、自ら命を絶った。戦いを通じ、世界で最も勇敢な二つの民族は心の底から理解しあうことができた」「わしは終戦の時、3000人の日本軍捕虜を預かる身となったが、あまりに捕虜と親しくしたかどで転任させられた。まったく馬鹿なことをしたものだ」

すべてを話し終えたジェネラル・ラマは「ワッハッハ」と大笑いしました。先の大戦を通じ、日本人と親しくなったグルカ兵がいると本では読んだことがありましたが、ご当人から直接話を聞けるとは思ってもいませんでした。印象に残る夜でした。当然、戦争の是非の問題はありますが、これから未知の山岳地帯に挑もうとしていた陸送班は、スタート地点で日本のよき理解者と出会うことができて勇気づけられました。

翌日、カルカッタを出発しました。平均時速50キロで1日6時間も走れば、4日で着く計算でした。だがいざ走ってみると、悪路が続き、街にあふれる人の波と輪タクの一団、聖なる牛にも行く手を阻まれました。スケジュールは大幅に遅れました。日が傾いたところで投宿するのですが、どれも営倉なみの長屋でした。食事はアウトドア用のコッヘルとガソリンバーナーを使ってこしらえたインスタントラーメンや缶詰で済ませることが多かった。温かいシャワーなんてとても望めません。あとは横になるだけですが、私も交代で運転していたので、睡眠時間の確保は重要でした。

ある夜、宿舎の経営者の息子が「オヤジに内緒でたばこを吸わせてくれ」とせがんできました。経済学を専攻する学生で、話してみるとしきりにマルクスやレーニンをたたえるのです。「インド独立の父」マハトマ・ガンジーではだめなのかと水を向けると、「あんなのはインドの近代化の妨げだ」と吐き捨てるように一蹴されました。

ガンジーは「非暴力、不服従」を掲げて対英独立運動を牽引しました。機械文明がもたらす人間疎外を予見し、農業や手工業を中心とした、より精神的に自由な社会の建設を企図した。インドはこの前年、独立から20年を迎えましたが、ガンジー思想の底流にある「文明否定」を信奉するグループが各地に存在していました。

翌朝、街を走り出すと、汚れたシャツを着てはだしで立ち働く労働者や物乞いが目につきました。インドの日常は貧困と隣り合わせでした。2年前に参加した日本青年海外派遣団の視察で、インディラ・ガンジー首相から聞いた話を思い出しました。「産業の近代化と社会的覚醒の順番が逆になったことがこの国の抱える大きな問題点だ」。そうおっしゃっていました。「独立の父」の影響力の根強さにいらだつ学生の姿は、知識の近代性と生活の後進性のギャップにあえぐインドのジレンマをよく表していました。

ネパールの医療事情

目的地であるネパールとの国境は、インドで最も貧しい地域ビハール州の北端にありました。インド人とネパール人はノーチェックで、人や物資を満載したトラックが行き来していました。国境の手続きを終え、いざカトマンズへという段になって、日赤ランドクルーザー隊の越境シーンの撮影が始まってしまいました。同乗してきたカメラマンたちにとっては最大の腕の見せ所です。渾身の1枚を求めて一心不乱にシャッターを切り続けました。おかげで救急車は、国境付近を何度も行き来する羽目になりました。

インド〜ネパール国境付近を行く

ネパール側の国境の町ビルガンジに入ると、インドとは街並みの風情ががらりと変わりました。通りはどこも清潔なのですが、人はめっきり少なくなりました。一息入れようと飲食店に飛び込むと、サッポロビールが出てきました。壁にはにこやかに微笑む吉永小百合のポスターが飾ってある。ネパールでは当時、チベット仏教の聖地カトマンズを訪れる外国人ヒッピーの存在が問題になっていました。ネパール政府の幹部と話したら、「奴らの見境のない破廉恥な振る舞いは、先進国に学ばんとする我々の努力に水を差すものだ」と怒り心頭でした。かつての日本はヒッピーを送らない唯一の先進国として入国時に優遇を受けていましたが、他の先進国並みの振る舞いをした日本人がいたらしく、私たちの審査は厳格そのものでした。

ビルガンジ周辺に広がるテライ平原は、高温多湿で穀倉地帯であると同時に、悪疫がはびこる病巣でもありました。領土の50％を占める山岳地帯は医療が行き届いていなかった。ネパール国内の医師は250人程度で国民5万人に1人の割合でした。国民全体の平均寿命はたった32歳と聞いて驚きました。

この救急車の寄贈事業に合わせて、ネパール西部のタンセンを拠点に活動している日本人医師を訪ねました。岩村昇さんです。かつては鳥取大医学部の助教授でしたが、職を辞して日本キリスト教会海外医療協力会(JOCS)のネパール・ミッションに志願された公衆衛生の専門家でした。JOCSは日本では最も古い国際協力NGOで、使用済みの切手を利用した医療援助を展開していました。日赤も児童や生徒が参加する青少年赤十字の活動を通じて切手を集め、ネパールで使われる結核予防ワクチン「BCG」の調達に協力していました。

岩村先生にお会いして「ネパール赤十字社に救急車を届けにやってきました」と説明すると「それは素晴らしい途上国支援だ」と喜んでくれました。しかし、救急車は直接のお役には立てなかったようです。岩村先生は、車が通れない険しい山道を何日もかけて踏破しながら僻地の村落をめぐり、伝染病患者を診ておられたのです。

お宅には10人を超えるネパールの子供たちがいました。結核やコレラで親を失った孤児たちで、岩村先生が引き取り、史夫人と一緒に育てておられた。電気や水道、道路もないような貧しい地域でしたが、どの子の瞳も輝いていました。岩村夫妻の愛情に包まれながら幸せに暮らしていることがよくわかりました。

岩村先生は1962年(昭和37年)から18年余り、ネパールの地域医療に従事されました。現地の住民から親しまれ、「ネパールの父」と呼ばれる存在になりました。母国から遠く離れたヒマラヤで見た、博愛主義の普及に邁進する日本人医師の姿。20代の最後を迎え、人道主義の実践のあり方を模索していた私は、得がたいお手本に出会うことができました。

好評だった救急車

日赤ランドクルーザー隊の道行きに話を戻します。ネパール南部のテライ平原を抜けると、次第に草木の茂みが濃くなって山並みが迫ってきました。いよいよ「世界の屋根」と呼ばれる山岳地帯にさしかかりました。急斜面の山腹に縄を掛けたようにはりつく山道は、総延長150キロに及びます。進むこと4時間近く。ダマン峠に到着すると、眼下にカトマンズ盆地が一望できました。その先にヒマラヤの白い嶺々がそそり立っていました。

カトマンズでの宿舎は「ソルティー」という4階建ての豪華なホテルでした。経営者はマヘンドラ国王の弟ヒマラヤ殿下でした。上流階級のたまり場になっていて、国王の兄弟やブータンから亡命中の前首相がダンスに興じていました。当時のネパールは立憲君主制で、62年（昭和37年）に発布された憲法に「主権は王室にあり」と明記されました。「パンチャヤット制」という独特の政治システムで、国王の監視下で選ばれた各州の代表者が国会議員を選んでいました。

対外的には南のインドと北の中国の双方と善隣外交を展開していました。中国の支援でカトマンズとチベットを数時間で結ぶ道路の建設が決まると、西側諸国もこれに負けじと、チベットの経済援助に乗りだすといった時代でした。東西両陣営を刺激しないという配慮なのか、外国人は中国へと続く道路の通行を禁じられていました。赤十字を掲げた日赤ランドクルーザー隊は、かなり先まで進むことができましたが、道ばたにいる中国人技術者をカメラに収めようとしたら、ネパール人に制止されました。微妙な外交バランスで成り立つ国ではやむをえないことでした。いかなる政治勢力とも等距離でいなければならない赤十字の運営と共通するものを感じました。

カトマンズに救急車を届けたのは2月15日でした。その数日後、ネパール赤十字社の社長プリンセプ・シャーハ妃殿下とギリ事務総長に会うと、「日赤が贈ってくれた日本製の救急車はとても性能がいい」と喜ばれました。「ファミリー・プランニング（家族計画）を推進するため、手術ができる車両を探していたが、険しい山道を物ともしないあの救急車と同型のものにしようと思う。早速、発注したい」。そんなお話もいただきました。トヨタ車がかなり気に入ったようで、「私も自家用にカローラを買うことにした」というリップサービスも飛び出しました。

この当時、ネパール赤十字社のボランティアで、のちに事務総長になったラトナ・ダクワさんが、救急車でカトマンズにやってきた私の姿を覚えていました。「信じられないような長い距離を運転して救急車を届けてくれたことに、私たちはとても感謝した。ただ、あの時しまいました。

のミスター近衛は本当に臭かった」。ダクワさんと昔話になった時、そんなふうに笑われて

アフガニスタン王室のお迎え

1971年（昭和46年）8月には、アフガニスタンに寄贈する救急車の陸送も担当しました。この2か月前、皇太子同妃両殿下（現上皇上皇后両陛下）がアフガニスタンを親善訪問されました。ご夫妻のご帰国後、宮内庁を介して「現地の赤新月社にも救急車を寄贈することができないだろうか」というご相談が、日赤に寄せられたのです。

再び報道陣と合同の陸送班を結成することになりましたが、ネパール行きと比べてかなり危険度が高いミッションとなりました。

日本から再び船便で救急車を発送しましたが、荷揚げ港のあるパキスタンのカラチからアフガニスタンのカブールまでの道のりは2000キロありました。これはインドーネパール間の2倍近くの距離でした。さらに険しい山岳地帯がほぼすべての行程を占めていました。極めつけは、アフガニスタンと国境を接するカシミール地方をめぐる問題です。インドとパキスタンが1940年代から、その帰属をめぐって紛争を続けていました。しばらく停戦が続いていましたが、ここにきて一触即発の状態になったのです。

アフガニスタンに救急車を届ける

出国前に抱いていた懸念が当たり、私たちが現地入りするタイミングで、両国間の戦闘が始まりました。パキスタン北部のペシャワルに到着すると、インド側の空襲が原因で停電が発生し、街じゅうが真っ暗になりました。ろうそくのあかりを頼りに不安な夜を過ごすことになりました。

パキスタンとアフガニスタンの国境カイバル峠が見えたあたりで、対向してくるトラックの運転手から「国境で日本からやってくるVIPの歓迎式典の準備をしている」と教えられました。そんな式典の話は聞いていませんでしたが、陸送班のなかで「どうやら我々のことらしい」という話になりました。慌てて汚いポロシャツとジーンズを脱ぎ捨てて持参したスーツに着替えました。

国境に到着すると、聞いていた通りでした。アフガニスタン王室の使者が待ち構えていました。丁重なごあいさつをいただいた後、「ミスター近衛はこちらに」と促され、アメリカの高級車リンカーンの後部座席に押し込まれました。救急車を従えた車列が組まれ、さらに100キロほど山岳地帯を抜けてカブールに向かいました。

日本製の救急車は、アフガニスタン赤新月社でも喜ばれました。「せっかくの機会だから、我々の活動もぜひ見ていただきたい」。そう提案されてホームレスを対象にした就労支援を見学しました。「彼らはつい先日まで物乞いだったが、いまは立派に働いています」。案内役の赤新月社の社長が誇らしげに説明してくれました。ふんふんと耳を傾けていると、ひとりの男性が突然、大声を上げながら私の足にすがりついてきました。

何事かと通訳に尋ねると、「どうか私を解放してください」と訴えているという。「生活のためにあくせく働いて窮屈な思いをするぐらいなら、貧しくても好き勝手に生きたほうが幸せだ」。いうなれば、自由を求める心の叫びでした。「貧乏も三日もすれば慣れてしまう」。そんな言いぐさが頭をよぎりました。インドに続き、ここでも一筋縄ではいかない途上国の貧困対策の現実を目の当たりにすることになりました。

アフガニスタンでは、王宮でアーマッド・シャー皇太子を表敬訪問する機会も設けられ、ねぎらいのお言葉をいただきました。この陸送プロジェクトは、日本の国際親善を担われる皇室から依頼された失敗の許されないミッションでした。表敬訪問を終えて宿舎に戻ると、無事に救急車を届けた安堵感で、その夜は泥のように深く眠ってしまいました。

初の海外救護

初めて海外で経験した救護活動は、１９７０年（昭和45年）11月にサイクロン「ボーラ」の直撃を受けた東パキスタンでの災害支援でした。この時の犠牲者は30万人を超え、サイクロンとしては史上最悪の規模になりました。

日本航空（ＪＡＬ）が救援物資の空輸に協力してくれましたが、被災地の被害は深刻で、物資を運ぶ航空機のさらなる確保が課題になりました。そうした事情を日赤名誉副総裁の高松宮妃殿下にご報告する機会がありました。妃殿下はその場で懇意にされていた全日本空輸（ＡＮＡ）の若狭得治（わかさとくじ）社長に電話をされ、協力を要請してくださいました。当時のＡＮＡの定期路線は、国内線に限られていて、これから国際線ビジネスに打って出るという時期でした。日赤からの協力要請はＡＮＡにとっても国際線の運航実績を作るチャンスです。若狭社長もその電話で協力を約束してくださいました。

12月8日、救援物資を積み込んだＡＮＡの特別機がダッカへと飛び立ちました。高松宮妃殿下の陰ながらのご支援もあり、日赤は衣料品や日用品など15種類、さらに日本政府から委託された救援物資も送り届けることができました。私もこのＡＮＡの特別機に同乗してダッカへ向かいました。パキスタン赤新月社のヴィカールン・ニサー・ヌーン社長の案内で、現地の難民キャンプをめぐり、どのような支援が必要なのか調査しました。年が明けてからも再びダッカに入り、ヌーン社長と一緒に乗り込んだヘリコプターで、被害が甚大なベンガル湾の島嶼部を上空から視察しました。

東パキスタンはインド西側のパキスタンから分離する形で、71年にベンガル人の国家「バングラデシュ」として独立しました。この分離独立をめぐっては、東パキスタンを支持するインドも軍事介入し、戦火が拡大しました。紛争に対応する赤十字国際委員会（ICRC）が人道支援に乗り出しましたが、これに未曽有のサイクロン被害が重なり、大混乱のなかで国際赤十字・赤新月社連盟（IFRC）の災害支援が始まりました。IFRCの一員である日赤も医療班を派遣することになり、72年2月、私は現地の管理要員として一緒にバングラデシュに入りました。

日赤医療班に割り当てられた活動地域は、ハチア島を中心としたベンガル湾の島嶼部でした。ガンジス川の河口付近に広がるほぼ海抜ゼロメートルのエリアです。災害への備えがまったくないまま高潮にのみ込まれたため、甚大な被害が生じました。日赤から現地入りしたのは医師と看護婦3人と私の計5人。医療班の正式名称は「医療社会栄養補給班」で、サイクロンと戦争で悪化した住民の暮らしの改善、その後の復興の支援が主な任務でした。

力を入れた活動のひとつが防災教育でした。バングラデシュは当時、全国民の95％は非識字者と言われていたので、手作りした紙芝居を教材として、集落や学校をめぐることにしました。紙芝居の題名は「賢い人と愚かな人」。寓話めいた筋書きにしました。サイクロンが近づいてくるのを知りながら、家畜を失うことを嫌がって逃げずに死んでしまう人と、何も

サイクロン・シェルターの建設風景

持たずに身ひとつで逃げて助かった人を登場させました。自然の猛威の前では、とにかく逃げて自分の命を守ることが何よりも大切なのだと強調しました。

住民が逃げるためには、その判断に役立つ情報を入手する必要があります。そこで有線電信のネットワークを構築したほか、農作業をしながら天気予報に耳を傾けることができるようにと、トランジスターラジオを２０００台配布しました。日本から取り寄せたソニーの新製品です。大喜びされました。さらに、手回しのサイレンや太鼓を使い、避難を呼びかける防災ボランティアを募集すると、「格好いい」と、若者が殺到しました。

防災教育をしても避難する場所がなければ意味がありません。海抜ゼロメートル地帯でも高潮から逃げられる高さを確保した簡易シェルターを建てました。ピラミッドの上部をカットしたような形をしていて、そこに駆け上がって逃げるシンプルな構造にしました。頂上部は33メートル四方ほどの広さがあり、１５００人が避難できました。

最初のシェルターの起工は3月17日でした。バングラデシュ独立の指導者で国民から「建国の父」と慕われた初代大統領ムジブル・ラーマンさんの誕生日に合わせました。ひき潮のタイミングを狙っての土木作業です。住民たちが土砂を入れたかごを頭に載せて「エイサ、エイサ」と運び、少しずつ積み上げていきました。人海戦術が頼りで、多い時は３０００人近くが現場で働き、3週間ほどで完成にこぎ着けました。住民の労働意欲をかき立てるため、土を掘って積み上げた容積を計測し、その量に応じて報酬の救援物資を配りました。この「フード・フォー・ワーク」のスタイルは以後、災害救護の現場で広く普及していきました。

こうした簡易シェルターを現地の計7か所に建設しました。世界に先駆けて日赤が建てた初のサイクロン・シェルターだったと思います。「ムジブル・シェルター」と命名され、その後、バングラデシュの国内２３８か所に普及しました。

劣悪な環境と格闘

ハチア島を拠点とした現地での活動は3か月に及びました。なかなかの住環境でした。公務員住宅を2棟借りたのですが、サイクロンでひどく損傷していて、ネズミやゴキブリ、蚊の巣窟でした。3月半ばになると気温も湿度も上がり、寝苦しくなった。電気が使えるのは

1日3時間。近くの汚い池の水を使いました。入浴する時はジープに乗って井戸のある民家に通いました。バケツの底にじょうろのような穴が空いていて、そこに水を注いでチョロチョロと落ちてくる水で体を洗いました。トイレも壊れていたので屋外に簡易的なものを建てたのですが、風が吹くと扉が開いてしまう。用を足していたら付近をうろついている住民に見られてしまい、しょうがないので「やあっ」とあいさつする。そんな暮らしでした。

現地の衛生教育も必要となりました。「感染症を媒介するような蚊やハエ、ゴキブリを退治して赤十字の商品をもらおう」というキャンペーンを展開しました。住民には殺生への抵抗感があり、なぜ蚊やハエを駆除しなければならないのかも理解できませんでしたが、まず、子供たちが面白がって瓶に詰めた蚊やハエを持ってくるようになりました。ご褒美を渡しているうちに大人たちもそれに群がるようになり、商品が底をつくとともにキャンペーンは終了してしまいました。そんな衛生観念ですから、現地の食事情もあまり褒められたものではありませんでした。私たちには専属の料理人がいたのですが、地べたの上で食材の野菜や肉を切るので、料理に土が混ざっていました。食器やスプーンも汚れていた。ゴミを取り除いたり汚れをぬぐったりしながら食べていると、料理人が「何でそんなことをするんだ」と怒り出し、なだめるのが大変でした。それでも本場のスパイスとベンガル湾産のエビを調理したカレーはうまかったです。

私たちの活動エリアは無医地区だったので、地元の役場のホールに臨時の病院を設けると、多い時には1日に800人ぐらい外来患者が押しかけました。不潔な水を飲んでいることに起因する腹痛や下痢のほか、関節痛を訴える農民も多かった。受け付けの列に権力者が割り込み、早く診察しろと騒ぎだすこともありました。「赤十字はどの患者さんも平等に診ます。特別扱いはしません」。そう説明してもわかってもらえず、言いあいになりました。

当時のバングラデシュは、伝染力が強く、致死率も高い「天然痘（てんねんとう）」の根絶に至っていない、世界でも数少ない地域のひとつでした。現地入りして１か月余り過ぎた頃、「ハチア島で２０００人が発症した」という噂が流れ、現地は動揺に包まれました。「よりによってこのタイミングで」。頭を抱える日赤医療班のもとに、ジュネーブの世界保健機関（ＷＨＯ）から急派されたのは、天然痘撲滅プロジェクトのリーダー蟻田功（ありたいさお）医師でした。

蟻田先生は熊本の出身で、熊本医科大学（現熊本大学医学部）を出た感染症対策のエキスパートでした。先生が医学を修めた母校のルーツは、肥後藩主細川重賢が１７５６年（宝暦６年）に創設した医学寮「再春館」にあります。そんなご先祖の縁もあって、頼もしい「援軍」を迎えることができたのです。私は先生から提供された天然痘の患部の写真を握りしめ、小型の前輪駆動車を運転して島内を走り回りました。先生の助言に従って一人ひとり確認した結果、いずれも水疱瘡（みずぼうそう）と判明した時は、「助かった」と心のなかで叫んでいました。蟻田先生の迅速で的確な指導を仰ぎ、この騒動を早期に収拾できたおかげで、日赤の救護活動は破綻を免れることができました。

私たちはハチア島と周辺の島々のあいだをスピードボートで移動していたのですが、何度か座礁も経験しました。暗くなった後に洋上で動けなくなり、星空を見上げながら、みんなで歌ったり励まし合ったりして潮が満ちるのを待ったこともありました。

私たちが活動したハチア島などの島嶼部は、バングラデシュ国内でも最貧困の地域でした。ただし、住民は伝統的に教育熱心で、軍人や教師、役人、弁護士を輩出するような土地柄でした。性格はみんな素朴で、私たち日本人とは馬が合い、意気投合しました。住民は私たちの奮闘ぶりをよく見ていてくれたようです。1972年（昭和47年）4月下旬、任務を終えた私たち日赤チームはヘリコプターでダッカへと去りました。その後、ハチア島に私の名を冠した「Konoe Street」という道路が誕生したと聞きました。いつか再訪してこの目で見たいと思っていたのですが、海面の上昇によって水没してしまったそうで、かないませんでした。

ジュネーブから見たアジア

1972年（昭和47年）9月から3年余り、初のジュネーブ勤務を経験しました。国際赤十字・赤新月社連盟（IFRC）の事務局に派遣されたのです。

IFRCは、平時の人道支援を担っています。自然災害での救護活動や感染症対策、健康増進や血液事業などが活動領域に含まれます。同じくジュネーブにある赤十字国際委員会（ＩＣＲＣ）は、武力や暴力による紛争に対応する戦時救護を担っています。

２つの組織は緊密に連携していますが、その成り立ちや運営は異なります。

第１次大戦後の１９１９年（大正８年）、戦勝国となった米英仏伊日各国の赤十字社が結成した「五社委員会」が、ＩＦＲＣのルーツです。私が派遣された当時の名称は「赤十字社連盟」で、国際赤十字の世界では「The League（ザ・リーグ）」と呼ばれていました。83年（昭和58年）に「赤十字・赤新月社連盟」、91年（平成3年）に「国際赤十字・赤新月社連盟」と名称を改めました。現在の加盟社は１９１を数えます。活動資金は加盟社がそれぞれ負担し合い、連盟を束ねる会長や副会長も相互に選挙して決めています。

一方、ＩＣＲＣは初めにお話しした通り、アンリー・デュナンとその賛同者４人、いずれもスイス人が、１８６３年（文久３年）に結成した「五人委員会」が前身の組織です。現在の名称になったのは75年（明治8年）です。その活動費の9割はジュネーブ条約に加盟する各国の拠出金によってカバーされていますが、組織の意思決定は永世中立国のスイス人によって行われています。紛争の当事国のしがらみにとらわれないような仕組みになっているのです。

私がジュネーブのＩＦＲＣ事務局で担当したのはアジアの災害対策でした。災害が発生すると現地入りして状況をジュネーブに報告したり、域内の防災体制づくりを補佐したりする役割でした。ただ当時、ＩＦＲＣを主導していた欧米諸国のアジアの災害に対する関心は、アフリカなどと比べると低かった。ならば、アジア各国が互いに協力して災害に立ち向かう必要があったのですが、互いに牽制し合ったり無関心だったりで、調整役の私はいろいろと苦労しました。

１９７４年（昭和49年）12月にサイクロン対策がテーマのパネル会合に出席しました。当時の報告書が日赤本社に残っています。会場はスリランカのコロンボ。パネルに参加したメンバーはバングラデシュ、ビルマ（現ミャンマー）、インド、パキスタン、スリランカの５か国でした。

さらに、国際赤十字・赤新月社連盟（ＩＦＲＣ）、国連災害救済調整官事務所（ＵＮＤＲＯ）、世界気象機関（ＷＭＯ）、国連アジア太平洋経済社会委員会（ＥＳＣＡＰ）など、災害対策の専門機関からも参加があり、気象、水害、防災、訓練などのテーマについて協議が行われました。４年前にバングラデシュを襲ったサイクロン「ボーラ」の甚大な被害に鑑み、国際社会がアジア地域の防災対策に本腰を入れ始めたことを示す画期的な会合でした。ただ、半世紀ぶりにこの報告書を読み返すと、参加したアジア各国の意識はまだまだ低く、文面からは私の不満がにじみ出ていました。

〈バングラデシュ代表は、パネル会合のお別れレセプションの最中にようやく到着した。彼によると、本国政府がすぐに代表を決めようとしなかったため、航空券を取るのが遅れたうえ、入国ビザは不要という誤った情報が伝わっていたため、慌ててビザを取得したらこんな

に遅れてしまったとのことだった〉

「彼」というのはこの2年前、私がハチア島で救援活動した時に知りあったバングラデシュ赤十字社のサイクロン対策部長でした。史上最悪の30万人が犠牲になったサイクロン「ボーラ」の教訓を、アジア各国と共有する重要な機会だったのに、肝心の当事国の代表が「遅刻」して不在だったわけです。

報告書にはこんな記述もありました。〈ビルマ代表やインド代表の、気乗りせず、警戒心をあらわにするような態度は、よそ者に余計なおせっかいをしてほしくないという、伝統的な国民感情に由来すると思慮される〉

私はパネル会合での討議のたたき台となるリポートを作成し、メンバー各国に事前配付していました。そのリポートに対する反応は、〈各国代表の大半はコロンボに到着してから私のリポートに目を通したようで、ただ感心するだけで実質的な討議はなかった〉というものでした。よほど腹に据えかねたのでしょう。報告書の終わりにも辛辣なコメントが残っていました。〈このような各国に協力や連携といった意志はみられず、彼らには何の変化も期待できない〉

連盟事務局の空気

アジア地域の人々の命や暮らしを守るため、自然災害に備える人道支援の重要性を、各国の政府や関係機関に理解してもらう必要がある――。こうした課題は、ジュネーブの連盟事務局に身を置いてみて初めて見えたものでした。さらにまた、ＩＦＲＣという組織の内部事情がなかなか複雑であることも知りました。国際赤十字の世界も東西の対立構造と無縁ではなかったのです。

事務総長が米国出身ならば、その下の次長はソ連から選ぶというように、事務局内のポストは微妙なバランスを取って配分されていました。世界の加盟社が一堂に会する総会で、東西、南北、隣国同士の利害があからさまに衝突することもありました。１９６０～70年代は南半球のアフリカをはじめ、新興国の独立が相次ぎました。こうした国々の加盟社の意見を反映した事業になると、北半球の先進国がお金を出さず、総会や理事会が紛糾するケースもありました。

当時、連盟の事務方トップを務めていたのはスウェーデン人のヘンリク・ベア事務総長でした。ベアさんはなにかと私を気にかけ、かわいがってくれました。

彼の母国スウェーデンは、大国ロシアとの領土争いを経て19世紀から一貫して中立政策をとっていました。かたや日本も第2次大戦後、戦争放棄や戦力不保持をうたった平和憲法を

連盟幹部たちと（前列右から３人目がベアさん）

掲げており、西側陣営の一員ながらも中立的なポジションにいました。そんな背景もあって、日本が先頭を切って国際組織のなかで軋轢を生じさせるような場面もなく、日赤から来た私はつきあいやすかったのだと思います。ベアさんが事務総長を務めた１９６０年（昭和35年）〜81年（昭和56年）は、ＩＦＲＣの加盟社数が85から１２８と飛躍的に増えた時期でした。第２次大戦の戦勝国を中心とした従来の意思決定とは異質の、価値観の多様化にも配慮した組織運営を迫られ、ベア事務総長も気苦労が多かったことと思います。

もうひとつ、ジュネーブに身を置いてみて気づいたのは、欧州には「貴族社会」というものが厳然と存在し続けているということです。国際赤十字の世界でも、加盟各社の代表には伝統的に王族が就任し、王室ゆかりの人物が大きな影響力を持っているという国がありました。かく言う私も、ジュネーブでは「プリンス」と呼ばれていました。かつて日本の首相を務めた祖父文麿は海外でも知られた存在で、しかも公爵だったという事情からでしたが、一般国民であるその孫も敬称で呼ばれるというのは、貴族社会のなせるわざだったと思います。私の特殊な出自が親近感を生み、交際の輪を広げるうえで潤滑油となってくれたのは、ありがたいことでもありました。

仕事を離れて

ジュネーブはさまざまな国際機関の集積地でもあります。各国からの駐在者が互いに自宅に招き合い、つきあいを深める「社交文化」が根づいていました。

ただ、交際にはなにかとお金が入り用になります。私はジュネーブに出向しているあいだは、日赤から円建てで給料をもらっていました。1971年（昭和46年）に1ドル＝360円の時代は終わり、変動相場制に移行しますが、それでも円は安く、現地での交際費を抑える必要がありました。来客のために妻の甯子が腕を振るってくれる料理に合う、おいしいワインを安く買い集めるのも大切な仕事でした。現地で親しくなった方々を招いてパーティーを開くと、ジュネーブの住人はみなワイン通なので大量に用意したよりすぐりのボトルがあっという間に空いてしまいました。

こうした仕事を離れた気兼ねないつきあいはとても心地よく、よい思い出になりました。

ジュネーブ出向はもう一度ありました。81年（昭和56年）4月から85年6月まで連盟事務局の災害対策部長を務めました。この時、住居として借りたのは、築４００年のシャトーをリフォームした、デュプレックス型の物件でした。１回目のジュネーブ勤務は連盟の近くの空いている物件にさっと入居しましたが、２回目のジュネーブ駐在の時は住宅難だったので、妻の甯子とともに現地の新聞で毎朝住宅情報をチェックして探し出しました。そこの住人は国際色が豊かで、国連の関係者、アメリカ大使館の職員、ＣＩＡの幹部、外国企業の役員など、その国籍は14か国に及んでいました。

シャトーは地元のワイン組合の所有だったので、組合会員用の談話室もありました。あたり一面にブドウ畑が広がる素晴らしい景観を折々に楽しむことができました。家賃はびっくりするほど高かったのですが、東京の自宅の賃貸料を充てて何とか払うことができました。ただ、パン屋もない小さな村だったので、生活には不便もありました。日用品や食料品は隣村まで買い出しに行く必要がありました。唯一の公共交通はバスでした。最寄りの停留所がシャトーの前にあったので安心していたら、いざ住んでみると金曜日しか停まらないことがわかったのです。急遽（きゅうきょ）セカンドカーを購入し、甯子の運転で買い物や長男忠大（ただひろ）の学校の送り迎えをしてもらいました。

ジュネーブでは、日本の国際機関代表部主催のパーティーやスキー旅行やテニス大会にも参加しました。最初の駐在の時、参加したパーティーは、大使館員と現地の国際機関に出向している他省庁の出身者、民間企業の社員などと、グループ分けされていました。官僚はキャリアとノンキャリアでテーブルが別になっていた。これにはちょっと驚きました。私たち夫婦はそういうことに無頓着だったので、自分たちがパーティーを主催する時は、いろんな分野、出身のゲストをミックスしたテーブルを用意しました。

ジュネーブで知りあった方々とは、帰国後も友人づきあいが続きました。日赤の仕事で助けてもらったこともあります。元大蔵（現財務）官僚でのちに政界に進み、防衛庁長官（現防衛大臣）などを歴任した大野功統（よしのり）さんもそのひとりでした。最初に連盟事務局に出向した1970年代に駐ジュネーブ1等書記官をされていました。私が日赤の副社長になってからの話ですが、日赤の救護活動を充実させるため、その分野に通じた自衛隊出身者を中途採用しました。その時、大野さんが防衛庁（現防衛省）との橋渡し役になって人材探しを手伝ってくれたことがありました。

シャトー暮らしといった話をすると、ジュネーブ勤務は優雅だったように聞こえますが、世界中の自然災害の被災地を飛び回った時期でもありました。私は2回の事務局勤務で、いずれも被災者の支援や防災対策を担当しました。ＩＦＲＣからは「Disaster preparedness（災害対策）」と書かれた出張用のスーツケースが支給されていて、何か事が起これはそれをひっさげてどこにでも向かいました。被災地から帰ってくると、スーツはしわくちゃ、靴は泥まみれということがよくありました。航空機を何度も乗り継いでどんな遠隔地でも足を運んだので、途中の空港でなんども積み替えをくり返すうち、スーツケースは傷んですぐにだめになってしまった。当時の私にとっては完全な消耗品で、連盟のスーツケースのストックをかなり消費しました。

インドシナ危機

出遅れた難民支援

最初の連盟事務局での勤務を終えて1976年（昭和51年）1月に帰国すると、ジュネーブで親しくしていた国連難民高等弁務官事務所（UNHCR）の知人から、「日赤もベトナム難民の収容に協力してほしい」という電話がありました。

75年（昭和50年）にベトナム戦争が終結すると、ベトナム、ラオス、カンボジアで次々と社会主義、共産主義の政権が誕生しました。新体制を嫌い、その迫害を恐れる人々が大挙してインドシナ半島から脱出し、難民になったのです。

難民の地位を定めた難民条約に日本が加入したのは81年（昭和56年）になってからです。75年5月、南シナ海を小舟で漂流していたベトナム人の「ボートピープル」が米国船に救助され、千葉港に初上陸すると、国内は大騒ぎになりました。

救助されて横浜から上陸するボートピープル

日本人はインドシナの動乱を対岸の火事と決め込んでいました。日本政府は次々と難民が押し寄せても一時的な保護や他国への送還で凌ごうとしました。そうした姿勢が国際社会から批判され、ようやく難民条約を批准するというありさまでした。

日赤の対応も政府と同じように出遅れました。日本国内でいち早く難民支援を始めたのは、カトリック系団体のカリタス・ジャパンでした。ＵＮＨＣＲの要請を受けた私は、日赤の体制が整うまで、人道支援に理解のある諸団体の力を借りようと考えました。立正佼成会や天理教、救世軍、ＹＭＣＡを回り、難民受け入れ施設の設置や運営に協力してほしいとお願いしました。日赤は各団体の運営施設に、寝具や衣服、医薬品などの物資、赤十字病院の医療を提供する体制をまずは整えました。

77年（昭和52年）になってようやく、日赤も施設の運営を始めました。難民受け入れのピークを迎えた81年には、国内11か所で計１０００人以上を収容しました。こうした援護事業が終了する95年（平成7年）までに収容した難民は、５０００人を超えました。

難民キャンプの運営

大量の難民が流入したタイの人道支援の最前線を視察したことがあります。１９７７年10月のことです。ベトナム、カンボジア、ラオスの3か国から逃れてきたインドシナ難民計９万人余りが、15か所のキャンプに分けて収容されていました。

タイ政府は、契約を結んだＵＮＨＣＲを通じ、国際社会から資金を調達し、国外の奉仕団体の支援も受け入れていました。ただし、難民の定住は認めませんでした。また、キャンプ内の待遇が、地元住民の生活水準を超えないよう、細心の注意を払い、国外の奉仕団体の支援が過度にならないよう監視も徹底していました。

キャンプでは、難民の手で子供たちの寺子屋が運営されていました。難民の自立を助けるため、飲食業や服の仕立て、家電修理といった商業活動も認められていました。こうした仕事に就くことが、職業訓練にもなっていました。

難民の母国と陸続きで、それぞれの生活習慣や文化の多様性を熟知しているタイならではの、手慣れた支援だと感心しました。この視察をした当時、毎月１０００人が国境を越えて

カンボジア難民が殺到したサケオキャンプ

逃げてくる状況でしたが、タイ政府の担当者は「キャンプ運営に問題はない」と胸をはっていました。

79年（昭和54年）秋になると、タイ国内の難民キャンプで活動する日赤医療チームをサポートするため、現地出張を重ねました。

そこは、カンボジア国境から約70キロ入ったサケオという地域で、多くのカンボジア難民が収容されていました。カンボジアはこの年の1月、ソ連寄りのベトナムの侵攻により、中国寄りのポル・ポト政権が崩壊しました。続いてベトナムの傀儡（かいらい）ヘン・サムリン政権が誕生したため、次々と西の国境を越えてタイに逃れてきたのです。

東南アジアが次々と共産化していく「ドミノ理論」が現実のものとなり、キャンプ地は緊迫感に包まれていました。しかし、難民は膨れあがる一方で、日赤の医療班がタイ国境近くのカンボジア側に入って活動することもありました。

戦時救護を統括する赤十字国際委員会の判断で、

日赤の医療班がタイ中心部に避難した時、日本政府から「撤収せよ」という指示が出ました。現場の実情を知る日赤の医師や看護婦たちは、「ここで退くことは人道支援組織として許されることではない」と声を上げました。私も同じ思いでした。まさに赤十字の真価が問われる局面です。必死になって東京の日赤本社を通じて交渉し、残留を認めてもらいました。

島国育ちの日本人は当時、難民を「流れ者」「やっかいもの」という先入観で捉え、難民支援にはおしなべて慎重でした。日本政府もボートピープルをさばくことで手いっぱいで、１４０万人を超えたインドシナ難民全体を視野に入れた方策を描くことができませんでした。

ただし、難民への対応が一筋縄でいかないのも事実です。

日赤が日本国内で運営していたインドシナ難民の受け入れ施設では、収容者同士のけんかや窃盗といった騒ぎが頻発しました。１９８０年代に入ってからは、政治的な迫害ではなく、経済的な理由で日本を目指し、難民と偽って入国してくる事例が急増しました。89年（平成元年）12月から91年9月のあいだだけで、累計で２８００人以上が中国などから不法入国したとして本国に送還されました。

マレーシアの難民支援の現場を視察したことがあります。マレーシア政府がボートピープルの収容施設を置いたのは、ビドン島という絶海の孤島でした。日本では考えられないようなロケーションで驚きましたが、国家としての治安維持や安全確保を考えれば、合理的な対応だといえました。

自国民の生活や国家の利益を守りつつ、紛争や政治的な迫害から逃れた弱い立場の人々をいかに救済していくのか。その答えはなかなか見つからず、難民支援に取り組む各国の手探りはいまも続いています。

虐殺後のプノンペン

大量虐殺や餓死によるカンボジアの犠牲者が１７０万人を超えたポル・ポト派の恐怖政治は、１９７９年（昭和54年）１月に幕を閉じました。私はその数か月後、知り合いの新聞記者の手引で、ポル・ポト派が去った首都プノンペンに入りました。

カンボジアは53年（昭和28年）にフランスから独立後、シアヌーク殿下のもとで王制社会主義による国家建設が進められましたが、親米派で軍人上がりのロン・ノルによるクーデターが70年に勃発し、内戦状態になりました。75年に政権を掌握した親中のポル・ポト政権は、ソ連寄りのベトナムの軍事侵攻を受け、首都を追われました。

プノンペンの街を歩くと、破壊された車やテレビ、冷蔵庫などの電化製品が大通りにうずたかく積まれていました。私たちが投宿したホテルは、エレベーターだけでなく、部屋の鍵まで壊されていた。急進的な共産主義を信奉し、都市文明を徹底的に否定したポル・ポト政権の仕業でした。

夜、ホテルのロビーで日本から持ち込んだカセットテープのクメール音楽を流すと、どこからともなく人が集まってきました。ポル・ポトはカンボジアの伝統的な楽曲の演奏も禁じたのです。静かに涙を流しながら、懐かしい音色に身を任せて踊り続ける人々の輪が広がっていきました。

その宴は夜が明けるまで続きました。芸術や文化、人の心まで奪おうとしたポル・ポト派の恐怖政治の苛烈さを垣間見た気がしました。

カンボジアから帰国すると、日赤社内でカンボジア支援を提案しましたが、反応は思わしくありませんでした。当時のヘン・サムリン政権はベトナムに操られていたため、カンボジアは軍事的に侵略されたと、国際社会はみなしていたのです。日本国内でも、米軍を破ったベトナムと戦うポル・ポト派への支持が根強くありました。日赤がカンボジアへの支援を検討していると聞きつけた国会議員が、「ベトナムの傀儡を助けるのか」とどなりこんできたこともありました。

だがそれも、ポル・ポト政権が繰り広げた大量虐殺の実態が明らかになり、カンボジアの人々の危機的な状況が伝わると、日赤の人道支援にもゴーサインが出ました。まずは救援物資を送ることになりましたが、ヘン・サムリン政権は国際社会から承認されていないため、そんな国に行ってくれる貨物船はなかなか見つかりませんでした。

ちょうどこの頃、国連児童基金（ユニセフ）の依頼で、車両を現地に送ろうとしている日本の商社があると聞きました。その担当者と連携して「日赤とユニセフの荷物を運んでほしい」と船会社を片端から当たりました。ちょっと怪しげなパナマ船籍の貨物船が引き受けてくれることになり、支援物資を発送することができました。これがポル・ポト政権崩壊後、日本が初めて行ったカンボジアへの人道支援だったはずです。

カンボジアの仲間に敬意

この時の支援の成果を確かめるため、私は翌1980年（昭和55年）5月、カンボジア赤十字社を訪ねました。驚いたことに、かつて14人いた赤十字社の幹部は13人が殺されていました。知識層の存在を否定するポル・ポト政権の粛清の対象となったのです。

唯一の生き残りは女性で、73年（昭和48年）に同社の社長に就任したプレック・ピルンさんでした。「ポル・ポトの兵士がやってきた時、眼鏡やペンを捨てて近くにあった雑巾を手に取り、清掃作業員のふりをした」と言っていました。ピルンさんはその後、農村で強制労働に従事させられましたが、とっさの判断で命拾いしたのです。

カンボジア国内にはかつて医師が５００人いましたが、その数は1割にまで減っていました。医師をすべて粛清してしまったら自分たちが困るので、ポル・ポト派は専門分野ごとに数人ずつ残したのです。薬剤師は54人から15人、看護師は４２５人から50人に減っていました。

シアヌーク殿下の侍医で、のちにカンボジア赤十字社の事務総長になったミー・サムディさんも、数少ない生存者のひとりでした。サムディさんは家族と引き離され、ベトナム国境に近い寒村に連れ去られました。ポル・ポト派の幹部らが、「あの医者をいつ始末するか」という相談を始めた頃、そのうちのひとりが急病になったそうです。そこでサムディさんが治療することになり、その幹部の命を救いました。それからしばらく生かされることになったものの、いよいよもうだめだという状況になった。その時、ベトナムの軍事侵攻が始まって救われたそうです。

サムディさんはさらに、家族ともども餓死寸前まで追い詰められました。苦労して捕ってきた小魚をお嬢さんに与えようとしたら、「お父さんが食べないならば私も食べない。お父さんと一緒に死ぬ」と口にするのを拒まれたそうです。「思わず娘と2人で抱きあって泣きました。娘は当時の栄養失調の影響で体が小さくやせ細ったままなのです」。そう語るサムディさんの目から涙がこぼれ落ちました。ご家族はすでに旧宗主国フランスに逃れていましたが、サムディさんは母国にとどまる覚悟を決めていた。「知識人が根絶やしにされたカンボジアに私のような人間が残らないと、困っている人を助けることも、民族の伝統や文化を継承していくこともできなくなるから」と言いました。

ポル・ポトは多くの仲間を虐殺し、家族を苦しめた。いったいどんな気持ちで幹部を治療したのかと尋ねると、「ひとりの患者として扱っただけです」と返ってきました。その言葉の重さに胸をつかれました。人道主義の実践は決してきれいごとでは済まされない。そんなことを考えさせられました。

ポル・ポト派が大虐殺を行った現場「キリング・フィールド」にも足を運びました。井戸から引き揚げた遺体に衣服や黒髪が残っていました。拷問が行われた刑務所の床には血のりの跡がべったりとはりついていました。カンボジア全土が絶望に覆われた時代も、赤十字の灯を守り抜いたピルンさんやサムディさんたちの勇気と使命感に深い敬意を覚えました。

ヘン・サムリン政権はポル・ポト派を倒しましたが、ベトナムの傀儡だったため、西側諸国のカンボジア支援は低調でした。タイとの国境付近では救援物資の分配が少しずつ進んでいましたが、そこはポル・ポトの残党の拠点だったため、ヘン・サムリン政権が警戒を強めるという難しい環境にありました。ヘン・サムリン政権で人道支援の受け入れを担当する外務次官と面会すると、「日本にはぜひ、カンボジア赤十字社を通じた支援をお願いしたい」と要請されました。

私は帰国後にまとめた報告書で〈国交がないがために国や他団体が容易に手を下しえないこのような国際的人道支援に、日赤が率先して取り組むならば、その面目躍如たるものがあるのではなかろうか〉と書きました。ひとりでも多くカンボジア難民を救うことで、カンボジア赤十字社の尊い犠牲の弔いになればという思いもありました。

ベトナムの結合双生児

ベトちゃんとドクちゃんは下半身が結合した双子でした。1981年（昭和56年）2月25日、ベトナム中部の貧しい農村で生まれました。

ベトナムは54年（昭和29年）、対仏独立戦争に勝利し、19世紀からの植民地支配から脱したものの、冷戦の最前線になってしまいました。ソ連や中国が支援する「ベトナム民主共和国」（北ベトナム）と、米国が支援する「ベトナム共和国」（南ベトナム）に分断され、米軍が65年（昭和40年）に北爆を開始したことで、「ベトナム戦争」が本格化しました。

米軍は北ベトナムの部隊が隠れることができるジャングルを除去し、食料となる農作物を奪うため、空から枯葉剤を散布しました。ベトちゃんとドクちゃんが生まれた農村もそのターゲットになった。ベトナム戦争は75年（昭和50年）のサイゴン陥落で終結しますが、枯葉剤が散布された地域ではその後、ベトちゃん、ドクちゃんのような先天性の欠損や奇形を抱えた子供が相次いで生まれました。

「兄のベトちゃんが脳炎による危篤状態でベトナム赤十字社が救援を求めている」。86年（昭和61年）5月、日赤はこの報道で命の危機に瀕しているベトちゃんとドクちゃんの存在を知りました。当初、2人の救援に対しては慎重論が強かった。枯葉剤と結合双生児の発生との因果関係は公式に証明されていません。もし、この救援活動が反米運動のような政治的キャンペーンに利用されたら、赤十字としての中立性も危うくなるという理由でした。私も同じ考えでした。

しかし、当時5歳のベトちゃんとドクちゃんのいたいけな姿がメディアを通じて伝えられると、2人の救援を求める声が全国に広がりました。世論の高まりを受け、日赤も動かざるを得ない状況に追い込まれました。私は連絡員として医師3人と一緒にベトナムに出張することになりました。「くれぐれも2人を連れて帰ることのないように」。出発前、上司からはそう厳命されました。

ベトちゃんとドクちゃんが入院していたホーチミンのツーズー病院は、医療設備が脆弱でベトちゃんの高熱の原因を突き止めることもできませんでした。十分な医薬もなく、このままではドクちゃんにも感染が広がり、2人とも命を落としかねない状況でした。

病院の周辺を日本のメディアが取り囲んでいました。日本国内では「ベトちゃんとドクちゃんを救え」と義援金が続々と集まっていた。中曽根康弘首相が支援に前向きな発言をしたことで、日本政府も2人の受け入れに同意することになり、私たち日赤が2人を日本に連れ帰ることになりました。

危険な状態の2人を日本に移送するため、退役間もない日航機の提供を受け、医療用に改造しました。ベトちゃんとドクちゃん、日赤とベトナムの医師、看護婦、私も乗り込んだ特別機は、86年6月19日に羽田空港に降り立ちました。双子の兄弟は治療のため、ただちに日赤医療センターに運び込まれました。

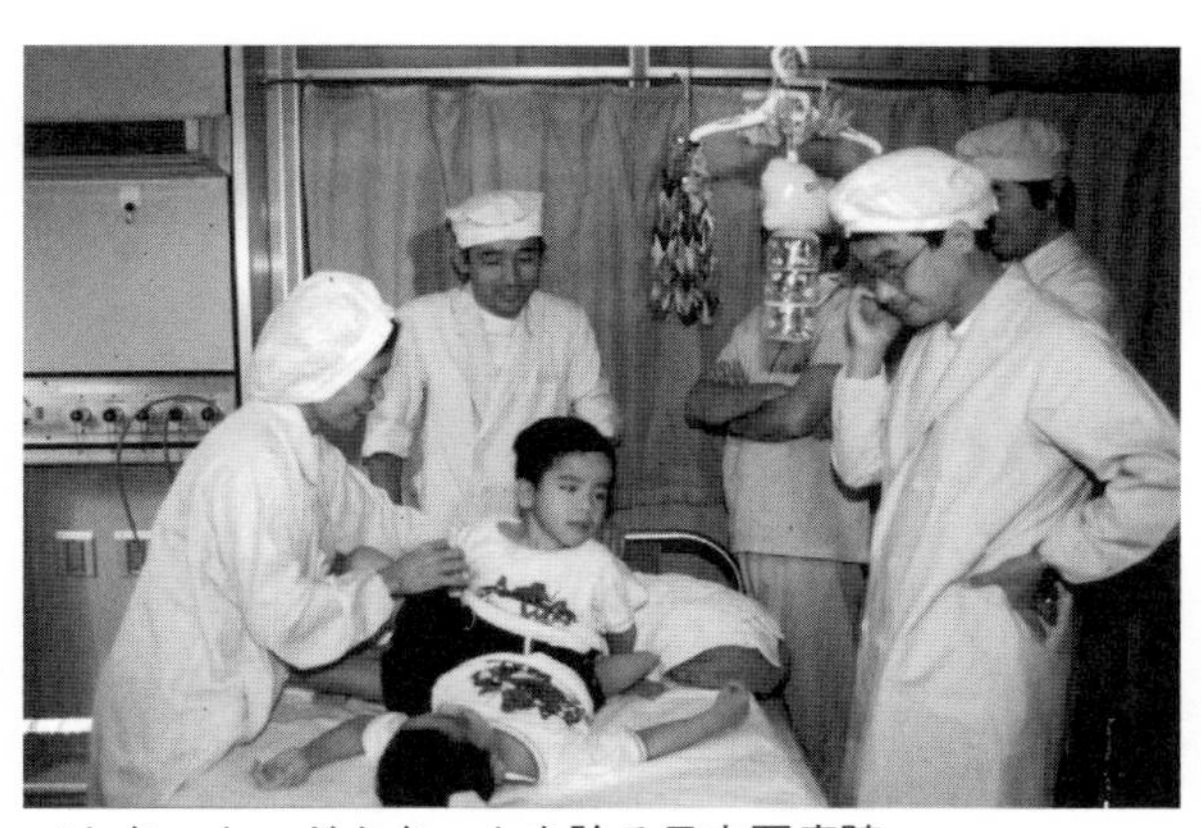

ベトちゃん、ドクちゃんを診る日赤医療陣

日赤の医師チームは、内科的な治療を施してベトちゃんの回復を見守りながら、臓器の数や位置、結合の状態、血液の流れ、神経の支配状況など、解剖学的検査を行いました。ベトちゃんは後遺症の影響で知能の回復の見通しがつかない状態と判明しました。ドクちゃんは完全に回復しました。その人なつっこい性格で日赤関係者の人気者になりました。

3か月が過ぎた頃には2人の容体は安定していました。危機を脱したこの段階で、ベトナム側は2人の分離手術を望みます。「このまま結合双生児として人生を歩むのは、当人たち、介護する関係者にとっても大きな困難と負担が伴う。ついては、医療水準の高い日本で分離手術をしてほしい」。そのように強く求められました。ドクちゃんはすでに物心がついていたので、悲しいことですが、重度の意識障害で動けないベトちゃんの存在が邪魔になっているように見うけられました。

日赤で検査データを検討すると、外科、整形外科、形成外科の見立ては、「分離手術の成功率は80～90％」という結果になりました。内科は「分離した後の感染症リスクの増大やその他の肉体的な影響が懸念されるが、反対はしない」という態度でした。

結論を出す立場の日赤は、数々の医療倫理的な問題に頭を悩ませました。〈2人共通の臓器をどのような基準でもって配分するのか〉〈ひとりの命を救うため、もうひとりの命を犠牲にするという選択は許されるのか〉〈患者は自国の医療水準で最善の治療を期待するのが原則だ〉

ほかにもさまざまな論点が存在しました。〈切り離すのはかわいそうだ〉という情緒的な世間の反応。〈補完しあって生きながらえてきた2人の将来は天命に任せるべきだ〉という儒教的な考え。〈これ以上の世論の圧力や経済的・人的負担に耐えられるのか〉という組織的な事情。失敗した場合の日本とベトナム両国の友好関係への影響を懸念する声もありました。

日赤が下した判断は、「2人の生命を救うという緊急移送の本来の使命は達成された」「日本での分離手術は見送る」というものでした。

2人は87年（昭和62年）10月下旬、およそ１３０日ぶりに母国に戻りました。すると、兄ベトちゃんの容体は安定したものの、昼夜無意識に動くようになったため、次第に弟ドクちゃんに衰弱がみられるようになりました。そして1年半が過ぎた頃には、2人ともに状態が悪化してしまった。88年（昭和63年）の夏に至り、ベトナム側はついに分離手術を決断しました。

分離手術

日赤はベトちゃんとドクちゃんを帰国させた時、引き続き最善の協力を行うと約束していました。また、必要に応じて医薬品などをベトナムに送り、現地での治療を支援してきました。そしていよいよ分離手術という局面を迎え、私はその支援を担当する日本側の医師をそろえる担当になりました。

候補に挙がった専門医を訪ねて協力をお願いしました。「私ならこうするね」などと意見はしてくれるのですが、誰も引き受けてくれません。内心は「もし、失敗したら、大変なことになる」と腰が引けていたのでしょう。結局、日赤の医療スタッフのなかから、定年間近の麻酔医の先生と血液の専門家、人工透析の技術者、そして彼らをサポートする私の計4人が派遣されることになりました。

1980年代後半に米ソの雪解けが進みましたが、冷戦構造は残っていました。共産圏への輸出規制に抵触するため、日赤の麻酔機器をベトナムに持ち込むことができず、スウェーデンから調達することになりました。ベトちゃんとドクちゃんが分離手術を受けるホーチミンのツーズー病院の手術室は、冷房もなく扇風機があるだけのただの部屋でした。施設や設備は頼りなかったものの、ベトナム側は全国12の病院からよりすぐりの医師ら70人を集めたチームを結成しました。3回にわたって綿密なリハーサルを行い、できうる限りの体制を整えました。

手術本番を迎えた88年（昭和63年）10月4日。私は手術のあいだ、ひとり別室で待機していました。そこに日本のテレビ局から借りた小さなモニターを設置し、手術室とつないだ映像を見守りました。別室では医師団が待機していて手術の経過を確かめながら、順次交代して執刀を続けました。

ベトちゃんとドクちゃん、それぞれに執刀医がついた大手術です。麻酔の開始から縫合まで17時間に及びました。私はずっとモニターに釘付けで、「あっ、切れた」「うまく外れたな」と、固唾を呑んで手術の経過を追い続けました。

壮絶なベトナム戦争を経験した現地の医師たちの執刀技術は確かでした。日赤の医療スタッフも「執刀に13時間」「麻酔が切れるまでプラス3時間」という事前の想定に従い、血圧や脈拍、呼吸、体温、意識をチェックしながら的確に麻酔の投与を調整しました。手術は無事成功し、2人は手術室を出てから30分後に覚醒しました。分離手術を完璧にサポートした日赤の貢献は称賛され、ホーチミン市から私たち4人に名誉市民賞が贈られました。

私は日本を出発する時、手荷物のなかに喪服を忍ばせていました。着る必要がなくなってほっとしました。ただ、手術成功の興奮に包まれる病院を出て、ホーチミンの街を歩いていると、ベトちゃんやドクちゃんと同じような障害を持った子供たちを見かけ、複雑な気持ちになりました。なぜ、２人には多くの義援金が集まり、７２００万円もの費用をかけた手術の恩恵が施されたのか。２人の加害者が米軍なのだとしたら、ベトナム戦争後に障害を抱えて生まれた子供たちの医療支援は、米国政府の責任で行われるべきではないのか。そんな疑問が浮かび、人道支援の公平性について考えさせられました。

メディア対応の責任者だった私は、現地で最後に発表した日赤の声明文を次のように結びました。「不幸中の不幸を背負って生をうけた２人を救うことで、他の多くの子供たちに夢と希望を与えることを願っています」

エージェント・オレンジ

２人の分離手術から18年が経過した２００６年（平成18年）。25歳の立派な青年になった弟のグエン・ドクさんが来日しました。その時、自身の結婚を報告するため、お相手を伴って日赤の本社を訪ねてくれました。私はこの前年に日赤の社長に就任していました。あのドクちゃんが綺麗なお嫁さんを連れてきた。ついうれしくなり、「君の奥さんはチャーミングだ」と言いながら、２人をハグして祝福しました。

兄のグエン・ベトさんは分離手術後もずっと体調が不安定で、重い障害を抱えての入院生活が続いていました。苦難を分け合った弟が幸せをつかんだことを見届けると、この翌年、安堵したかのようにホーチミンのツーズー病院で息を引き取りました。

ベトナム戦争の終結からもう半世紀になろうとしています。いまだに気になっているのが、枯葉剤を「エージェント・オレンジ」と呼び、戦術兵器として使用した米国の責任です。ベトナムではあの戦争以来、障害を抱えて生まれてくる子供たちが増え、その傾向は数世代に及んでいます。しかし米国では、ベトナムの戦場にかり出されるアメリカの若者を救うためには、エージェント・オレンジの使用はやむをえなかったという論調が根強いのです。

ジュネーブ条約は〈紛争当事者が戦闘の方法及び手段を選ぶ権利は無制限ではない〉とさだめています。禁止事項として〈過度の傷害又は無用の苦痛を与える兵器、放射物及び物質並びに戦闘の方法を用いること〉〈自然環境に対して広範、長期的かつ深刻な損害を与えることを目的とする又は与えることが予測される戦闘方法及び手段を用いること〉などを挙げています。この条約を締約しているにもかかわらず、化学兵器や対人地雷、クラスター爆弾といった残虐な兵器を戦闘に使用する国が後を絶ちません。

現代においても、ロシアによるウクライナ侵略やガザ地区でのイスラエルとパレスチナの戦闘、シリアの内戦などで、非人道的な兵器の使用が報告されています。武力紛争を地球上からなくすことは、人類の歴史を鑑みると難しいのかもしれません。ならばせめて、武器使用による残虐な被害を最小限にとどめ、とりわけその累が未来を担う子供たちに及ぶことを防ぐ必要がある。世界の指導者はいま一度、ジュネーブ条約の趣旨に立ち返り、条約の順守を確かめ合うべきではないでしょうか。

先の大戦の清算

在日朝鮮人の帰還

日赤の一員として、先の大戦の戦後処理にかかわる職務に従事しました。最初に担当したのは在日朝鮮人の帰還事業でした。

朝鮮半島は1910年（明治43年）の日韓併合で日本の植民地になりました。戦前戦中とこの旧植民地から日本に渡ってきた人々の帰国を支援したのです。

この事業は、日赤と朝鮮赤十字会（朝赤）が59年（昭和34年）に協定を結び、それ以後、協定の延長を重ねながら続けられてきました。私の入社した64年（昭和39年）頃、特に問題になるようなことはなかったのですが、やがて私は大混乱を経験することになりました。

この事業を利用して北朝鮮へ帰った在日朝鮮人は、最初の1年半は毎月4000～5000人に上りました。それが62年頃から急激に減少し、66年（昭和41年）になると、月平均1

日赤本社を取り囲んだデモ隊

50人程度にまで落ち込みました。日本政府はこの翌年に協定を打ち切り、以後は在日朝鮮人の自発的な帰国に配慮した対応にとどめる方針に切り替えました。すると、北朝鮮側は次のように反発しました。〈この事業は、日本の植民地政策による歴史的犯罪を償うためのものであり、日本当局が最後まで責任を負うべきだ。現在も日本には60万人の朝鮮人が残っている。その生活は常に不安定であり、なお多くの在日朝鮮人が光栄ある祖国への帰還を希望しており、事業は継続されるべきだ〉

67年（昭和42年）春になると、この協定の延長を求める在日朝鮮人やそれを支援する団体によるデモが激化しました。芝大門の日赤本社は連日、数百人のデモ隊に取り囲まれました。表門も裏門も使えなくなり、日赤の職員たちは、塀を乗り越えて出入りするような状況に陥りました。

拳を突き上げてシュプレヒコールをくり返していた婦人が、突然、感極まった表情で路上にひっくり返ることがありました。どうみても芝居がかっているのですが、日赤の看護婦たちは手慣れたもので、「お嬢さん、大丈夫ですか」「こちらで休みましょうね」と優しく丁寧に対応し、無用な軋轢を巧みに回避していました。

初めはこうした過激な示威行為に面食らいましたが、やがてデモ隊の動きを冷静に観察するようになりました。朝から集合し、顔をゆがめ、つばを飛ばして声を張り上げていたデモ隊ですが、ある時刻になると潮が引いたように静まってしまう。そしてけろっとした表情で帰り支度をして引き上げていく。なんとも不思議な光景でした。

日本政府や日赤は、「帰るか帰らないかわからない人の数ではなく、実際に帰っている人の数が減っているのだから、事業の目的は達せられたと解すべきだ」という立場でした。戦前や戦中の扱いをめぐり、日本への厳しい被害感情を持っている在日朝鮮人が少なからずいたことは、否定しがたい事実です。ただ、北朝鮮側の「いまも残っている60万人の在日朝鮮人の多くが帰還を希望している」という主張は根拠に乏しく、詭弁に聞こえました。連日のデモは、帰還を切望する同胞の思いを代弁した訴えというよりも、政治的に組織された宣伝戦のにおいが強かった。

それでも私は日赤の一員として、在日朝鮮人が置かれてきた境遇に配慮した人道的な対応を心がけました。デモ隊はたびたび日赤社長に宛てた抗議文を持ってきました。その受け渡しは、日赤職員とデモ隊を隔てている門越しに行われていました。たまたま現場にいた時も抗議文を渡してきたので、私が門の外に出て行って受け取ると、デモ隊からワーッと大きな拍手がわき起こりました。本社を覆っていた緊張が一瞬緩んだような気がしました。

連日デモ隊と対峙しているうち、顔見知りになった朝鮮総連の幹部と新宿あたりで食事したことがあります。その席にいつもの緊迫感はなく、「まあまあ、一杯やりましょう」「日赤も大変ですね」とねぎらわれました。酒が進んだ頃合いに酔いに任せたふりをして、実情と乖離したデモの主張をどう思っているのかと質すと、先方は「いろいろ難しくて」と祖国との関係に苦慮する様子をにじませました。互いにわだかまりがあっても、話してみるとなにか新しい関係性が見えてくるものだ。そんなことを感じました。

中断していた帰還事業は、北朝鮮側の強い訴えを聞き入れる形で71年（昭和46年）に再開されました。しかし、利用者は増えることがないまま84年（昭和59年）7月の第187次船を最後に終了しました。朝鮮総連を通じて盛んに喧伝（けんでん）された「地上の楽園」とはかけ離れた、北朝鮮での厳しい暮らしの実情が口伝えで広まったため、このような結末を迎えたのだという指摘もあります。

居住地選択の自由

四半世紀に及んだ在日朝鮮人帰還事業により、約9万3000人の在日朝鮮人やその家族が日本海を越えていきました。「その家族」というのは、在日朝鮮人と結婚した日本人、その子供や扶養されている親などを意味します。

帰還船が北朝鮮へと出発する新潟港で、私は在日朝鮮人やその家族の出国意思を確認する業務も担当しました。その手続きは厳格で、日赤の職員のほか、ジュネーブから派遣された赤十字国際委員会（ＩＣＲＣ）の代表と通訳も同席しました。この事業は、「居住地選択の自由」という基本的人権に基づき、中立機関ＩＣＲＣの仲介を得て、個人の意思を最大限尊重する形で実施されました。

日赤はあらかじめ、帰還希望者を募集するにあたって次のような在日朝鮮人向けの告知をしていました。

〈皆様は日本におのこりになることも、朝鮮の北又は南へお帰りになることも或るいは先方が貴方を受け入れる限り、何処へいかれることも、みな貴方のご自由です。皆様は日本の法令を守られる限り決して日本からの退去を強制されることはありません〉

新潟港を離れる帰還船

新潟港の近くに臨時に設けた「日本赤十字社新潟センター」の一室で、私は帰還希望者と対面し、「帰朝は自由意志ですよ」「ここでやめてもいいのですよ」と問いかけ、最後の確認を慎重に進めました。同じ家族でありながらこの場で帰国組と残留組に分かれてしまい、「涙の離別」となるケースも目にしました。家族それぞれが土壇場の選択を迫られて引き裂かれてしまう。胸が苦しくなるような光景でした。

日赤新潟センターでは、出国の手続きを終えた在日朝鮮人やその家族が、出港まで滞在する宿舎も用意しました。帰国を喜びドンチャン騒ぎする一団もいて、私が日赤の職員と知ったおじさんから「一緒に旅立ちを祝ってくれ」と声をかけられたこともありました。「では1杯だけ」。そう言っておつきあいしながら、「彼らの選択が幸せにつながってほしい」と願わずにはいられませんでした。

サハリン棄民

朝鮮出身者のなかには、戦前戦中に日本の別の植民地に渡り、そのまま終戦を迎え、新たな困難に直面した人もいました。昭和も終わりを迎える頃、私は旧植民地サハリン（旧樺太）に在留する韓国系住民の支援も担当しました。

日露戦争の結果、日本は1905年（明治38年）のポーツマス条約により、ロシアからサハリンの北緯50度以南の割譲を受けました。その5年後、同じ日本の植民地の朝鮮出身者がサハリンに渡るようになりました。日本軍や企業による徴用、集団募集に応じ、炭鉱や飛行場の建設現場、工場の労働に従事したのです。

終戦時、サハリンには約30万人の日本人と約4万人の朝鮮出身者が残っていたとされますが、そのまま旧ソ連領に編入されました。米ソ間の協議で46年（昭和21年）、日本人捕虜や日本国民の引き揚げに関する協定が締結されたことにより、日本人は帰国できましたが、その協定の対象外となった朝鮮出身者は、そのまま残留を余儀なくされたのです。

その多くが朝鮮半島南部の韓国系の住民でした。日本政府は、サハリンからの引き揚げはGHQの責任で行われたという立場で、長くこの問題に介入しませんでした。一方、第2次大戦で甚大な人的犠牲を払ったソ連は、新たな社会主義国家を建設するための労働力が必要でした。資本主義陣営に属する韓国系の住民を帰還させることには後ろ向きでした。こうした状況で放置されてきたサハリン残留者の問題ですが、56年（昭和31年）の日ソ国交正常化を機に解決の機運が生まれました。この時、日本人妻と一緒に日本への集団引き揚げが許可された朝鮮出身の夫たちが中心となり、日韓両政府にサハリンに残っている同胞の救済を求める運動を始めたのです。

日本では87年（昭和62年）に「サハリン残留韓国・朝鮮人問題議員懇談会」が設立され、ソ連や韓国への働きかけや公的扶助の予算化の動きが活発化しました。これは超党派の集まりで、国会議員150人が参加しました。また、ソ連では1980年代後半、ミハイル・ゴルバチョフ書記長のもとで政治体制改革「ペレストロイカ」が進みました。ソ連と韓国は90年（平成2年）12月に国交を回復させましたが、それ以前から、サハリンの韓国系住民が日本経由で里帰りしたり、韓国の親族と日本で再会したりといった取り組みも進められてきました。

私は日赤の外事部長として、89年（平成元年）3月、衆議院内閣委員会に呼ばれ、この問題への対応について説明を求められました。そこで、私自身が韓国とソ連の赤十字社を訪問し、日赤を含めた3社で実務的な協議を持つ働きかけを行っていることなどをお話ししました。この4か月後、日韓の赤十字社の共同事業体が発足し、日本の拠出金でサハリンに残っている韓国系住民の里帰りや親族との再会事業を推進することが正式に決まりました。

翌90年の夏、サハリンのユジノサハリンスクに飛び、残留住民の暮らしぶりを視察しました。「人生の最後は祖国でゆっくり過ごせるように支援してほしい」。そんな要望も寄せられましたが、「もう祖国に居場所はない」「ここに骨をうずめるしかないんだ」という悲痛な叫びの方が大きかった。彼らの祖国の親族や知人は、その多くがすでに他界したり、疎遠になったりしていました。いまさら帰国してもかえって孤独を味わうだけなのです。経済的な基盤もサハリンにあるので、子や孫の世代に対し、韓国で一から人生を始めろというのも酷な状況でした。

すでに戦後45年がたっていました。時の経過に配慮した支援が必要でした。高齢の永住帰国希望者には、祖国で安心して暮らしてもらえるよう、韓国の仁川市と安山市に療養院や永住アパートを建設しました。サハリンにとどまる選択をした住民には「韓国文化センター」を現地に整備しました。故郷を偲び、韓国の言語や文化を伝承しながら、住民同士で交流を深める拠点になる施設としました。

日本の議員懇談会の会長を務めた原文兵衛さんは、東京で86年（昭和61年）に開かれた日ソ円卓会議の分科会で、国際法学者の大沼保昭（やすあき）東京大学教授の報告を聞き、この問題の存在を知ったそうです。大沼教授は70年代からサハリン残留住民の救済を訴えてきた研究者でした。その著書『サハリン棄民　戦後責任の点景』のなかで、日赤の対応について次のように言及しています。

〈問題の本格的な解決には、北朝鮮にたいするソ連の立場を配慮して極力政治色を薄めるため、赤十字に一時再会・帰還事業を受け持たせるべきだというのが日本政府、議員懇、運動関係者の共通認識だったが、肝心の赤十字はほとんどやる気がなかった〉〈日赤の外事部長が交代したこともあって、それまで徹頭徹尾腰が引けていた日赤もようやく重い腰をあげた〉

大沼教授が著書で言及した交代後の部長というのは私のことですが、冷戦構造の隘路（あいろ）にはまったこの問題の解決は困難を極め、日ソ韓3国の赤十字社の連携が整うまでには時間を要しました。かつての植民地政策に翻弄された人々の境遇を思うと、日赤がその苦難に十分寄り添えたとは言えません。それでも、私なりに努力したつもりです。

台湾人元日本兵

先の大戦で、日本兵として戦った台湾住民に償う事業も担当しました。戦前の植民地支配と戦後の日中国交樹立という、近現代の東アジア情勢の大きなうねりに向きあった難しい任務でした。

戦後、日本人の兵士やその遺族を補償するための法整備が進みましたが、旧植民地の台湾住民で日本の兵士や軍属として従軍した計20万人余りは、その対象外に置かれました。１９７２年（昭和47年）の日中国交正常化で、日本と台湾の外交は失われたため、こうした台湾の人々に対する補償問題が放置されてしまったのです。

87年（昭和62年）に至ってようやく台湾の対象者に弔慰金や見舞金を支給する法律が成立しました。その翌年に支給額は１人２００万円と決まります。日赤はこの支給業務を国から委任されました。私はその事務処理の進め方を台湾側と協議したうえで、支給事業全体の枠組みを定めた協定書を締結する責任者になりました。

87年の11月、初めて台湾に出張しました。日赤のカウンターパートとなる現地の「紅十字会」の反応は、「それはいい話だが、我々にはどうしようもない」という頼りないものでした。これにはやむをえないわけがありました。52年（昭和27年）に開催された赤十字国際会議で、大陸側の「中国紅十字会」が唯一の組織と認定されていたのです。台湾の紅十字会の活動は血液事業などに限られており、弔慰金の支給にかかわる膨大な事務を担う能力はありませんでした。

そこで、台湾の内政部と対日窓口「亜東関係協会」（現台湾日本関係協会）も、私たちの交渉相手に加わりました。この補償はすでに日本と台湾のあいだで大枠の合意がありましたが、日本人は先の大戦で犠牲を払った台湾の人々に償う立場です。私は事務的に話を進めるのではなく、人間関係をしっかり築くことから始めようと決めました。

台湾の人々は飲み食いが大好きです。台湾への出張は10回を超えましたが、なるべく早く仕事を切り上げて、台湾の関係者を交えてみんなで中華料理を囲むことを心がけました。最初の出張の期間は1週間でしたが、こうしたコミュニケーションに大半の時間を費やしたため、その時の成果は、先方が事前に用意していた支給対象者のリストをもらっただけでした。

冠婚葬祭を重んじる台湾の文化を尊重することにも心を砕きました。

初めての出張では、この前月に初代の台湾総統蒋介石の右腕だった元軍人の何応欽（かおうきん）氏が亡くなっていたので、現地に到着すると真っ先にその墓参りをしました。翌年1月には、蒋介石の長男蒋経国（けいこく）総統が亡くなりました。その葬儀が3度目の出張期間と重なり、台湾の交渉相手から「顔を出しておいたほうがよい」と助言されました。言われた通りに台湾総統府の会場に向かうと、列立する儀仗兵（ぎじょうへい）のあいだの赤じゅうたんを進み、献花することになりました。台湾の最高指導者の葬儀ですから、日本人を代表するぐらいの覚悟で気を引き締めて

台湾総統府として使われている日本植民地時代の建物

臨みました。

「結婚式に行け」と言われて、見ず知らずの新郎新婦をお祝いしたこともあります。協議を進めている事業や日赤のほかの仕事ともまったく絡みのない人たちの宴席で、なぜ行くことになったのかいまだに不明です。ただ、台湾の友達が増えるのはとても楽しく、人間同士のつきあいを大切にする彼らの心根に学ぶことも多々ありました。こうした積み重ねが、弔慰金事業を進めていくうえでもとても有意義な経験になりました。

植民地時代の空気

台湾の政府関係者や紅十字会幹部とのあいだで10か月に及ぶ交渉を続けた末に、１９８８年（昭和63年）７月、旧日本軍の兵士や軍属として先の大戦で戦った台湾住民に償うための協定書を結ぶことができました。

そこに至るまでにはいくつもの関門がありました。

台湾は先の大戦で上陸戦を免れました。日本のように都市が壊滅状態に陥るようなことはなく、植民地時代の文書の多くがそのまま残されていました。しかし、戦後の台湾の人々の戸籍は、大陸から渡ってきた国民党政府が作成したものです。この補償事業の対象者の身元を照会する行政文書の整合性が、戦前と戦後で保たれているのかどうかを確かめるため、台北、台中、花蓮、高雄と各地域の役場もめぐりました。

日本の統治下で「高砂族(たかさご)」と呼ばれ、南洋戦線に配属された先住民の人々の集落を訪れたことがありました。そこで出会った日本語を話す老人から、「おじいさんに似ている」と言われました。よくよく聞くと祖父文麿(ふみまろ)と私が似ているという意味でした。思ってもみなかった形で植民地時代の空気に触れることになり、はっとさせられました。同時に、文麿の孫というだけでなく、ひとりの日本人として、誠実にこの事業に向きあわなくてはと、気を引き締めました。

先の大戦で実際に戦った本人ではなく、その遺族に補償金を支給する場合、その権利者の決定は、「日本の法律に基づく」という取り決めになっていました。しかし、台湾には「事実上の相続人」という独特の慣習があり、法的な整合性をどのように確保するかについて、頭を悩ませることになりました。

また、この事業は日本人が台湾住民に補償するためのものでしたが、現地での支給事務に伴って発生するもろもろの経費は、台湾側に負担してもらう必要がありました。感情的にこじれそうなこうした交渉で、「こちらが厳しく出すぎると、近衞さんが困ってしまうね」と、台湾側が譲歩してくれる場面がありました。こちらが償う側なのに、助けてもらうこともあったのです。

一つの中国

台湾の人々とともに築いた信頼関係のおかげで、一つひとつ懸案をクリアしていきましたが、唯一、「一つの中国」の問題だけは最後まで尾を引きました。

国際赤十字の慣行では、加盟国双方の赤十字社を介した協定は、各社の正式名称で締結書にサインするのが原則です。しかしこの時、日本側は外交関係のある中国への配慮から、台湾への補償事業で「中華民国」という名称を使うことをできるだけ避けようとしました。それは、日本の国会で議論して成立させた関連法の条文を改めて見返すとよくわかります。〈台湾にある救護及び社会奉仕を業務とする機関を通じて弔慰金又は見舞金を支給する〉というあいまいな表現が使われているのです。

こうした日本側の姿勢は、台湾の紅十字会の事務総長陳長文(ちんちょうぶん)さんをはじめとして、台湾側から批判されました。協定書の名義問題を含め、この補償事業にかかわる交渉はすべて秘密裏に進めていましたが、やがて協議の内容が外部に漏れてしまいました。台湾の地元紙に日本側の誠意や補償の進め方を厳しく批判する記事が掲載されたのです。「せっかく積み上げてきた協議もこれでご破算か」。国際社会で最もセンシティブな外交テーマに属する「一つの中国」の問題が、ここで蒸し返されるようなことだけは絶対に避けなければなりません。この記事を見た時は追い詰められた気がしてどっと冷や汗をかきました。

最終的に協定書の名義については、台湾側の呼称を「Red Cross Society of Taipei, China」という英名のみとすることで決着しました。陳さんはのちに、このような形で合意した理由を語りました。

「私たちは『中華民国紅十字会』です。しかし一番大切なのは、日本兵として戦った台湾人とその遺族たちが、できるだけ早く償われることだと考えました」

この時に結んだ協定書に基づき、日赤は94年度までに2万9645件分、計592億9000万円を台湾の人々に届けました。こうした補償がある程度軌道に乗ると、関係省庁の幹部らから「うまくいってよかった」といった声が聞こえてきました。もう済んでしまったとのような反応でした。補償の事務を担っている日赤は、本来、弔慰金や見舞金が支給されるべき台湾の対象者が、すでに死亡しているようなケースにいくつも遭遇しました。台湾で出会った多くの人々の顔が浮かんできて、私にとってはむしろ、「遅くなってしまって申し訳なかった」という悔悟の念が強く残る事業となりました。

台湾から駆けつけてくれた陳長文さん

2011年（平成23年）3月に東日本大震災が発生しました。すると、台湾から200億円を超える支援金が日本に届けられました。これは世界中から寄せられた善意のなかでも有数の規模でした。この時、台湾の紅十字会の会長を務めていたのは、先の大戦をめぐる台湾住民への補償事業でやりあったあの陳長文さんでした。陳さんをはじめとする台湾の紅十字会のメンバーは大震災の3か月後に来日すると、岩手県の遠野市や釜石市、大槌町などの被災地に入りました。さらに、日赤本社を訪れて支援協定を結んでくれました。その席で、「すでに100万人の台湾の人々から、60億円を超える義援金が集まっている」という説明も受けました。

あの時は本当にうれしかったです。

私は東日本大震災の2年前、国際赤十字・赤新月社連盟会長に就任するにあたり、誰も手を差し伸べないような「人道の空白地帯」を作らないという理念を掲げました。こうした考えに至った原点は、日本兵として戦った台湾の人々に償う事業の担当者として、大国間の外交や勢力均衡の枠組みにとらわれず、救うべき人を救う道を懸命に模索したあの日々にありました。

第4章　赤十字運動を牽引

IFRC総会の議長を務める

政治と向きあう

湾岸危機

１９９０年代初頭の湾岸戦争で、日本の国際貢献は「カネを出すだけで汗をかかない」と不評を買いました。日本政府は従来のあり方からの脱却を図り、92年（平成4年）に国連平和維持活動（ＰＫＯ）協力法を成立させ、ＰＫＯで海外に自衛隊を派遣できる体制を整えました。正直に言えば、当時の日本政府は人道支援に対する理解も未熟でした。

90年（平成2年）8月、イラク軍のクウェート侵攻によって湾岸危機が勃発しました。国連の制裁対象となったイラクは、国内やクウェートにいた外国人を人質としました。邦人も４００人以上が一時期、イラク政府によって拘束されました。日赤はそうした人たちの支援にあたりました。私は外事部長として、人質の家族が日赤本社に持ち寄った品々を、イラク赤新月社を介して人質に送り届ける任務を統括しました。

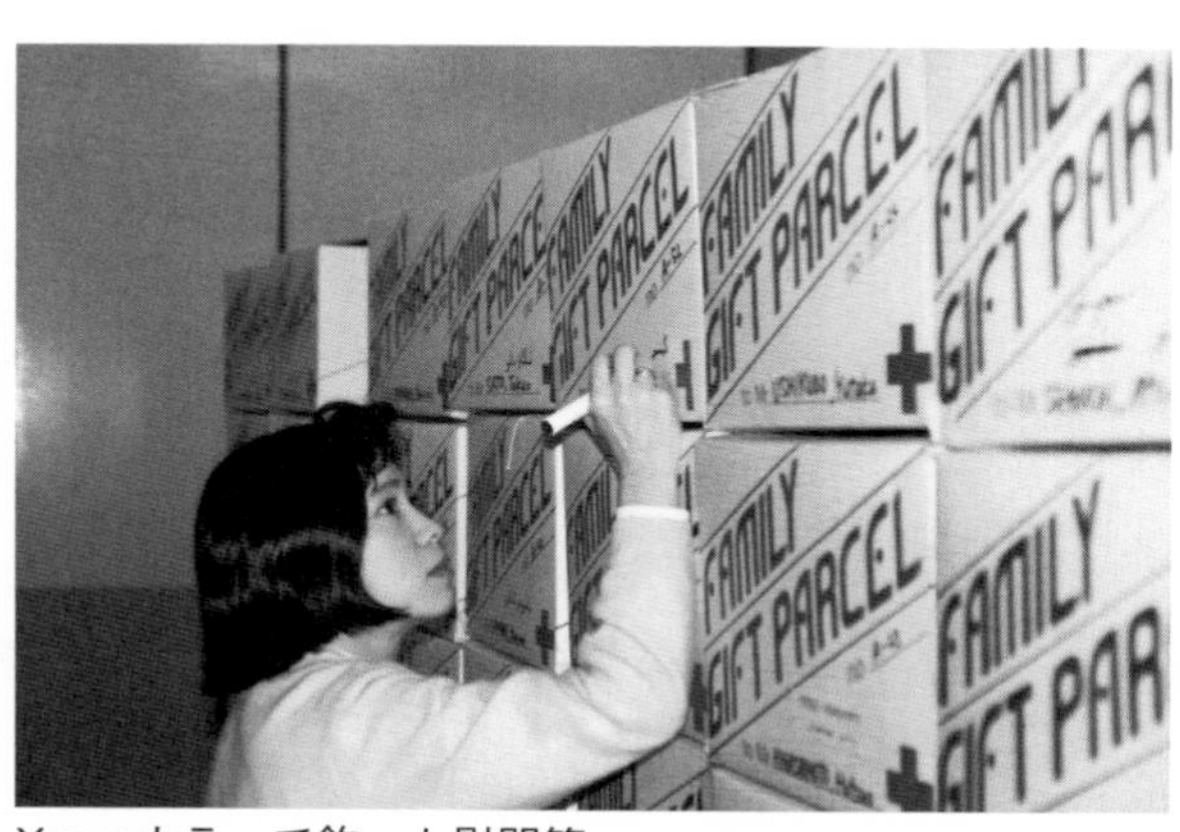

Xmasカラーで飾った慰問箱

人質にされた人たちは、「人間の楯」として、イラクにとって戦略上重要な施設に分散して収容されました。精神的にも肉体的にも大変厳しい境遇に置かれた。日赤がお預かりする慰問品には、大切な人の無事を願う家族の思いが詰まっています。私は味気ない段ボール箱で届けたくないと思いました。この年、長男忠大（ただひろ）が武蔵野美術大学に進んでいたので、「少しでも心が和むようなデザインを考えてほしい」と頼みました。そこで考案してもらった緑と赤のクリスマスカラーで装飾した「慰問箱」を用意しました。

この慰問品の発送で苦労しました。国連が決議したイラク制裁に従った日本政府の指導が、あまりにも厳格だったからです。

「せめて甘い物でも」と、人質の家族が用意したチョコレートは、禁輸品の「食料」に該当すると指摘されました。体調の管理に不可欠な医薬品は、イラク制裁の禁輸品には指定されなかったのですが、それでも、「慎重に扱うべきだ」という意見が寄せられました。そこまで細かくチェックしていたら、いくら時間があっても足りません。私はなによりも人質のもとに早く届けることが重要だと考え、他国の加盟社の対応状況をある程度調べたうえで、見切りをつけて発送することにしました。

人質にとられた邦人はこの年の12月までにほぼ解放されました。ご本人やその家族にとっては、何よりもうれしいクリスマスプレゼントになりましたが、日赤がお預かりした慰問品は、わずかの差で解放のタイミングに間に合いませんでした。赤十字社としては面目ない結果となってしまいました。

私は10月下旬にイラクに入りました。唯一の入国ルートだったヨルダンから夜間のフライトで向かうと、灯火管制なのか、眼下のバグダッドは闇に包まれていました。到着した空港も施設内は真っ暗です。行き違いがあって迎えが来ておらず、待ちぼうけを喰らってしまいました。静まりかえった暗がりのなかで、やたら猫がうろうろしていたのを覚えています。交戦中の国家に入ったこともあり、同行した日赤の幹部は落ち着かない様子でしたが、私は「なるようになるだろう」と腹をくくっていました。やがて、私たちのことを心配した現地の空港長が赤新月社に連絡を入れてくれたので、何とか宿泊先のホテルにたどり着くことができました。

翌日、イラクの赤新月社の社長と面会し、人質邦人の保護を要請しました。その協議の内

イラク赤新月社に人質邦人の保護を要請

容を現地の日本大使館にも伝えました。そういえばこの時、プロレスラーのアントニオ猪木さんと出くわしました。滞在中のホテルも夜は真っ暗だったのですが、突然ぬっと大きな人影が現れた。驚いて目を凝らすと、猪木さんでした。「日赤の近衛です」とあいさつすると、「ご苦労さまです」と大きな手で握手を求められました。猪木さんは前年の参議院選挙で初当選し、政界に進出したばかりでした。あの元気な声で「国会議員として、人質邦人の解放のために単身でイラクに乗り込んできました」と説明されました。その型破りな行動力にまた驚かされました。

日本の貢献

人質邦人の解放後、湾岸危機は緊迫の度合いを増し、翌1991年（平成3年）1月17日、多国籍軍がイラクへの攻撃を開始しました。湾岸戦争が始まったのです。

開戦直後だったと思います。日赤の外事部長だった私は、外務省に呼ばれました。指定された会議室に出向くと、各国立病院の院長や国際協力機構（ＪＩＣＡ）の幹部たちも招集されていました。その席で中山太郎外務大臣から、「政府の指揮下で医療や救護など人道支援のための人員を現地に派遣してほしい」と要請されました。前年の国会の審議で国連平和協力法案は廃案になり、現地に自衛隊も派遣できない状況です。出席者の誰も手を挙げずにいると、「こういう時はやはり日赤にお願いするしかない」という話になりました。

「日赤は、赤十字国際委員会（ＩＣＲＣ）の要請がなければ動きません」。私はその場ではっきりと拒絶しました。赤十字が紛争地で活動できるのは、政治から独立しているからだという、ジュネーブ条約の大原則を改めて説明しました。

中山大臣はすぐに理解してくれましたが、あとでお会いした時、「あの時は参ったよ」とおっしゃっていました。ただし、衆議院議長も経験したある大物国会議員は、「なぜ日赤は動かないのか」とやみくもに怒っていた。日赤を所管する厚生省（現厚生労働省）の担当者がその意を汲んで日赤に乗り込んできて、私やほかの幹部が詰問されたこともありました。

日赤は湾岸危機を受けて、大量の難民が発生することを想定していました。前年10月下旬には調査団をヨルダン国境のキャンプに派遣し、医療ニーズのアセスメントを行っていました。いよいよ開戦かという段階で、日赤がＩＣＲＣから割り当てられた活動地域はシリアでした。「開戦してしまったら、現地に到着することすら難しくなる」と私は考えました。活動地域が事前の想定と違ったこともあり、準備には時間を要しましたが、急かすようにして開戦の前日、医師3人、看護師5人、連絡調整員2人の医療団を送り出しました。

悔しさを共有

湾岸戦争の開戦後、シリアへ逃れた難民はほとんどいませんでした。湾岸危機から半年が過ぎていたので、逃げるべき人はすでにイラクを離れていたのです。戦闘により動きが激しくなった地域は、主に欧州の赤十字社がカバーしていました。

開戦翌月の中旬、日赤医療団の活動を視察するためにシリアに入りました。メンバーから、「私たちは本当にここにいる必要があるのですか」と不満をぶつけられました。多国籍軍に参加したシリアでは、母国での人道支援への情報提供まで配慮が行きわたらず、メンバーにはストレスがたまっていました。

「やることがないのであれば、一度日本に戻った方がいいのではないか」。そんな意見もありましたが、それでは国際社会から「日本は現場を離脱した」と見られかねません。ここは一度気分を変えてもらい、そこで話し合うべきだと考え、メンバーを地元の「ハンマーム」に誘い出しました。ハンマームというのは、イスラムの伝統的な公衆浴場です。ダマスカスには世界最古と言われるヌールッディーン浴場があります。男性陣はそこでバスタオルを腰に巻き、蒸し風呂に入ったり脱衣所でお茶を飲んだりしながら、腹を割って互いの胸の内をはき出しました。

同じ赤十字人として、そばで戦争が行われているのに何もできない、という悔しさは痛いほどわかりました。私はみんなの前で居ずまいを正して訴えました。「みなさんのシリアでの任務は、この湾岸紛争においては日本による唯一の人的貢献となっているのです。私はみなさんの使命感をとても誇らしく感じています。どうかいまは、与えられた任務を最後までやり遂げることに集中してほしい」

湾岸戦争の終結直前、日赤医療団の一部のメンバーは、キプロスとバーレーンを経由してクウェートに入りました。そこでICRCの傘下に入り、クウェート赤新月社と一緒に活動したのです。3月までそこにとどまり、クウェートの医療要員の不足が解消されたことを見届けてから日本に帰国しました。

ペルー人質事件

湾岸危機から6年余りあと。今度は日本をターゲットにした人質事件がペルーの首都リマで発生しました。1996年（平成8年）12月17日、天皇陛下（現上皇陛下）の誕生日を祝うレセプションを催した日本大使公邸が、左翼テロ組織「トゥパク・アマル革命運動（MRT

A)」に襲撃されたのです。大使公邸を占拠したMRTAは、現地駐在の日本企業の幹部をはじめとする在留邦人、在ペルー各国大使、ペルー政府の要人を含めた約700人を人質にとり、ペルー政府に対し、収監中の仲間の釈放や経済政策の転換などを要求しました。

この時のペルー大使は、栄光学園の1年先輩だった青木盛久さんでした。お父上の盛夫さんともども大変お世話になってきた。事件発生の第一報を知ると、すぐに現地入りしようとしましたが、かないませんでした。〈周囲の説得で見送った〉と新聞に書かれましたが、実は当時の橋本龍太郎首相から止められたのです。こんな経緯がありました。

私はこの年の春、青木盛久大使からの招待でペルーを訪れました。妻甯子と一緒の私的な旅でしたが、青木大使はペルーのアルベルト・フジモリ大統領も紹介してくれました。日系人のフジモリ大統領はご両親が熊本出身です。その縁もあって大歓迎されました。ヘリコプターでアンデス山中のチャビン・デ・ワンタル遺跡にも案内していただきました。行動派の大統領は自ら車のハンドルを握り、私たちを農村部の視察にも連れ出しました。そこはかつてゲリラの勢力圏でしたが、一行は多くの大統領支持者に囲まれました。2期目を迎えたフジモリ政権のテロ掃討作戦や経済改革で、治安や生活が改善されたのだと説明されました。

ペルー滞在中の私たちの姿が、現地紙の一面を飾ったことがありました。ペルーの民族衣装に身を包み、大統領の傍らに立つ青木大使と私たち夫婦を捉えた写真が掲載されたのです。あくまでも私的な旅の一コマでしたが、橋本首相はこの写真の存在を問題視した。「フジモリ大統領や青木大使と近い近衛が現地入りしたら、ゲリラを刺激することになる」。当時の日赤社長藤森昭一さんを経由して橋本首相の言葉が伝えられ、ペルー入りはやむなく断念しました。お世話になった青木大使やフジモリ大統領のため、少しでもお役に立ちたかったのですが、多くの人命にかかわる事案です。個人的な思いは封印せざるを得ませんでした。

　この事件では、赤十字の果たす役割に世界中の注目が集まりました。レセプションには、赤十字国際委員会（ＩＣＲＣ）のペルー代表部のミシェル・ミニグ首席代表が列席していました。ミニグ首席代表は自ら名乗りを上げ、ＩＣＲＣの一員としてＭＲＴＡのメンバーに対し、人質の保護を呼びかけました。さらに、公邸の外に出てペルー政府とＭＲＴＡの交渉を仲介する役割も担いました。テロ組織にも中立の姿勢を貫いたため、ペルーの国会で「テロリストの肩を持っている」と批判されましたが、占拠が長期化すると、人質の安全に資する赤十字の働きは評価を得ました。

El Peruano

FUNDADO EN 1825 POR EL LIBERTADOR SIMON BOLIVAR

EJECUTIVO PRESENTARA PROYECTO DE LEY SOBRE EL TEMA LA PROXIMA SEMANA, ANUNCIA FUJIMORI

CADENA PERPETUA PARA SECUESTRADORES

- Medida se inscribe dentro del plan de lucha de la Policía Nacional contra la delincuencia
- No habrá contemplaciones para nadie que esté involucrado en el narcotráfico

MAÑANA Entrevista especial al filósofo Mario Bunge

ペルーの現地紙を飾った写真

　日赤も現地にチームを派遣しました。人質邦人とのコミュニケーションを円滑にするため、ICRCの要請で医師、看護師2人、連絡調整員2人の計5人が12月23日から活動を開始しました。当初は、「日赤がペルーまで出張って来て何ができるのか」といった反応もありましたが、健康管理にあたる日赤の医師や看護師が日本語で話しかけるだけで、人質邦人のストレス緩和に大いに役立ったのです。連絡調整員も、赤十字通信や衣類、書籍などの差し入れを通じた家族とのやりとりを支援したほか、ペルー政府とMRTAの仲介を務めるICRCと、日本の政府や企業との調整に一役買いました。当初、日赤チームの滞在は1月7日までの予定でしたが、ICRCからの要請で事件の終結後まで延長されました。

占拠事件は1997年（平成9年）4月22日、ペルー軍の特殊部隊の武力突入で幕を閉じました。この時拘束されていた人質72人のうち、ペルー最高裁判事1人が亡くなりました。日本人24人を含む残り71人は救出されました。銃撃戦で特殊部隊の隊員2人と、MRTAの占拠メンバー14人全員が命を落としました。青木大使は127日に及んだ占拠のあいだ、ゲストの安全確保を最優先として冷静沈着に行動されました。ペルーではその姿勢が高く評価され、フジモリ大統領は「引き続き大使として留任してほしい」と異例の要請をしました。しかし、日本国内の反応は違いました。青木大使が解放後の記者会見で、謝罪の言葉を口にしなかったことが批判の的になってしまったのです。最終的には、ペルー側に犠牲者が出たことや、テロに狙われた警備体制の責任を取って、外務省に進退伺を出し、翌5月に職を解かれました。

フジモリ大統領も3期目の2000年（平成12年）、側近による不正疑惑が発覚して辞任に追い込まれました。ちょうど訪日中のことで、そのまま5年間、日本で亡命生活を送られました。この間に一度、都内で一緒に食事をした時は、「いずれ、私が必要とされる時期が来るはずだ。その時はペルーに戻って大統領選に再挑戦する」と意気軒昂でした。その言葉通り、次のトレド政権の支持率が低下し、「フジモリ大統領」の復帰を求める声が上がると、極秘に日本からチリへと出国されました。しかし、母国に身柄を引き渡されると、大統領在任中の人権侵害などで訴追され、禁錮25年の刑が確定、収監されてしまいました。罪状のなかには、左翼ゲリラと疑われた市民らを軍の特殊部隊が殺害した事件への関与も含まれていた。テロ対策で成果を挙げたものの、その強権的な手法が多くの人権侵害を招いたと弾劾されたのです。

日本大使公邸占拠事件では、建物の下につながる複数のトンネルを掘り、地上、屋上、地下から一気に突入する作戦が実行に移されましたが、その計画段階でフジモリ大統領がMRTA全員の殺害を指示したという疑惑も浮上しました。MRTAメンバーの男女各1人が、投降後に殺害されたという証言もあった。突入計画は、複雑な地下通路で有名なペルーの遺跡に由来する「チャビン・デ・ワンタル作戦」と命名されました。まさに私たち夫婦がフジモリ大統領に案内していただいた遺跡の名前でした。あの事件からすでに四半世紀。「世界で最も成功した救出作戦」という評価も耳にします。しかし、仲介役を務めたICRCや日赤では、「人質、政府軍、MRTAから死者が出たのは悔やむべき結果であり、任務は成功したとは言えない」という総括になっています。個人的にも、青木大使、フジモリ大統領と、親しくしていただいた方がその後、さまざまな苦難に直面されたので、複雑な思いとともに記憶に刻まれています。

ビアフラ危機

私が「赤十字の政治からの独立」について強く意識するようになったきっかけは、1960年代後半から70年代初頭に、人道支援に関わった「ビアフラ危機」でした。

ナイジェリア東部のイボ族が67年（昭和42年）に「ビアフラ共和国」として独立を宣言すると、ナイジェリア連邦政府軍とのあいだで内戦になりました。東部のビアフラは石油の産出地域でした。イボ族はキリスト教徒で教育熱心、商才にも長けており、それなりの経済力を蓄えていました。他方、連邦政府の政権の基盤は北部のハウサ族にありました。ハウサ族は、乾燥地帯で綿花や落花生を育てて生計を立てるイスラム教徒でした。ナイジェリアは60年に英国植民地から独立したが、宗教や文化が異なる民族同士の対立は根深く、凄惨な武力衝突に発展しました。

政府軍はビアフラを包囲して食料供給を断ちました。戦闘に飢餓が加わったため、一般市民のあいだに甚大な犠牲が生じました。国際社会の介入が必要でしたが、フランスや中国がビアフラ共和国、イギリスやソ連が連邦政府とそれぞれの支援に回り、和平の動きは一枚岩にならなかった。戦闘は政府軍がビアフラを制圧するまで2年半続きました。内戦の前に700万人いたイボ族のうち、200万人が犠牲になるという最悪の事態を招きました。

私は終戦から1年余りたった71年（昭和46年）5月にビアフラに入りました。赤十字国際委員会（ICRC）の傘下で、集落をめぐって食料支援が行き届いているかどうか監視する任務に就きました。

荒れ果てた街で目撃したある光景を覚えています。日が落ち始めた頃、部族の男たちが通りに集まり、陽気なリズムに合わせてアフリカンダンスを踊り始めました。女性は対立する部族に狙われ、さらわれることもあったため、暗くなってから外に出てくるようなことはありませんでした。そんな状況にあっても、男たちは悲惨な内戦などなかったかのようにケラケラと笑いあい何時間も踊り続けていた。ようやく訪れた平和を喜ぶ彼らなりの表現なのかもしれませんが、戦後に見た日本人の姿とはあまりにもかけ離れていて、戸惑いを覚えました。広い世界に存在する民族性の違いというものを実感しました。

ビアフラ危機支援では、赤十字の原則が再検証を迫られるできごとも起こりました。やはりICRCの傘下に入り、ビアフラで活動していたフランスのベルナール・クシュネル医師らのグループが、「赤十字は生ぬるい」と声を上げ、この年の12月に「国境なき医師団（MEDECINS SANS FRONTIERES＝MSF）」を設立したのです。

クシュネル医師たちの医療チームは、ナイジェリア連邦政府軍の都市封鎖で一般市民が次々と餓死していく惨状を目の当たりにしました。その非道に対する強い憤りから、赤十字のルール「沈黙の原則」を破り、「政府軍がこの惨状を招いた」と世界に告発したのです。その矛先はＩＣＲＣにも向けられました。ＭＳＦは設立時、「ＩＣＲＣは第2次大戦中、ナチスの強制収容所での大虐殺を非難しなかった。こうしたことを二度とくり返してはならない」と訴えました。私はこの翌年から3年余り、ＩＣＲＣの本拠地ジュネーブで働いたので、ビアフラ危機に端を発したＭＳＦの誕生は、人道支援の中立性のあり方について見つめ直すきっかけとなりました。

あえての沈黙

ＭＳＦの設立憲章は、「政治や宗教、思想などいかなる影響も受けない」とうたっています。その理念は赤十字と重なって見えますが、組織の運営システムは異質なものです。国際赤十字は国連や関係国と調整して支援に動き出しますが、ＭＳＦは自発的に支援先を選び、あらかじめ登録しているメンバーのなかから抽出した適任者、さらに志望者を現地に派遣します。各国の政府からの財政支援は極力抑え、その多くを民間の寄付に依存しています。そして、人道支援が必要となるような災禍を招いた国家や政府を批判する自由も確保しています。

ＭＳＦはカンボジアの難民支援で、ベトナムがキャンプでの援助活動を妨害しているとして抗議行動を起こしました。エチオピアの大飢饉では、軍事政権が援助物資を横領したうえ、飢饉を利用して住民を強制移住させていると告発しました。ユーゴスラビアのコソボ紛争では、多くの民間人が犠牲になったＮＡＴＯ軍の空爆を非難し、ＮＡＴＯ加盟国からの資金提供を拒否しました。こうした〝物言う〟姿勢は反響を呼び、１９９９年（平成11年）にはノーベル平和賞に選ばれました。ＩＣＲＣもこの82年前にノーベル平和賞を受賞しましたが、二つの運動体の人道主義の解釈は異なっているのです。

私はやはり、「赤十字の沈黙」は大切にすべき人道支援の掟だと考えています。

日赤に入社して以来、多くの人道支援の現場を踏み、許しがたいと感じる干渉や妨害も経験してきました。それでも、特定の国家や政府、権力者を批判したり、その行為を告発したりしたことはありません。そうした行動は多くの賛意や共感を得るかもしれません。しかしそうした批判や告発が、不当な実力行使をさらにエスカレートさせるケースもあるのです。もし、赤十字が国外退去や攻撃の対象になってしまったら、明日の命も知れないような、本当に困っている人々に救いの手を差し伸べるチャンスそのものが失われてしまいます。

あらゆる人種や宗教、思想、政治体制の壁を乗り越え、困っている人に医療や物資を届ける組織を維持していくには、やはり、デュナンが唱えた「敵も味方も分け隔てなく」という原点に立ち返るしかないと私は考えます。あえての沈黙を自らに課した赤十字の原則は、人道主義の普遍性を担保する究極の知恵と言えるのではないでしょうか。

日朝のパイプ

日本政府が北朝鮮との国交正常化に動いた1990年代、私は日朝赤十字会談に関わりました。この時、日赤が地道に築いてきた朝鮮赤十字会（朝赤）とのパイプが生かされました。日本と北朝鮮を隔てる日本海では、悪天候によって海が荒れると、日朝それぞれの漁船が相手国の沿岸に流れ着くことがあります。そんな時は日赤と朝赤が連絡を取り合い、漂流者を相互に送り返すという対応を重ねてきました。日本に漂着した船から遺体が見つかることもあります。そうしたケースでは、日赤が火葬のお手伝いをしてお骨にしてから北朝鮮にお返ししました。私も若手の頃、北陸の漂着地に出向き、流れ着いた遺体の身元を確認する仕事を何度か経験しました。

私が日赤に入社して7年目のことでした。日朝の赤十字のパイプが、世界の注目を集めるできごとが起こりました。70年（昭和45年）3月の「よど号事件」です。非合法活動の拠点を海外に求めた共産主義者同盟赤軍派のメンバー9人が、乗員乗客129人を乗せた日航機「よど号」をハイジャックしました。羽田を発ったよど号は一度、福岡空港に降りて病人などを解放した後、北朝鮮の平壌（ピョンヤン）に向かって再び飛び立ちました。

日朝赤十字会談に臨む

日本政府は北朝鮮と国交がないため、前代未聞のハイジャック事件の初動対応を日赤が担うことになりました。港区の本社には政府関係者が集まり、報道陣も押し寄せ、大変な騒ぎになった。当時、朝赤との唯一の通信手段はテレックスでした。私は日赤側の窓口の担当に指名され、アナログな電信機の前にずっとかじりついていました。朝赤と連絡を取って、よど号の消息の確認や乗客の保護を要請しました。政府や日赤の幹部らに囲まれて緊迫したやりとりを重ねた記憶があります。

冷戦の終結を迎えた90年代。朝鮮半島で優位になった西側の韓国が、東側の社会主義国家と国交を結ぶと、北朝鮮は日本との国交正常化を模索します。その政府間交渉の過程で「日本人妻」の存在がクローズアップされました。

戦後の在日朝鮮人の帰還事業で家族と一緒に北朝鮮に渡り、そのまま帰国できずにいた日本人配偶者の救済事業が、日朝協調の端緒として選ばれたのです。日本人妻の一時帰国を実現するため、日朝赤十字会談で協議することになりました。当時副社長の私は日赤の代表を務めました。日赤本社がデモ隊に囲まれたあの騒ぎから30年余り。新潟港から旅立った人々の行く末がずっと気になっていました。80年代後半に社会部長と外事部長を兼任する立場になり、朝赤に日本人妻への人道的な措置を求める書簡を送ったこともありました。

97年（平成9年）9月、北京で開かれた第1回会談に臨みました。この協議で「1か月以内に第1回の日本人妻の里帰りを実現」「各回の里帰りは10～15人程度」などの合意を記した文書を締結しました。これが日朝赤十字会談を通じて最初に動き出した両国間の人道支援でした。

実現した里帰り

里帰り事業は1997年11月と翌年1月に相次いで実現しました。第1陣が成田空港に降り立った当初、日本人妻たちのなかには、表情がどこかこわばっていて、心を閉ざしているように見える人もいました。同行してきた朝赤の幹部が日本のメディアに取り囲まれて身動きがとれなくなり、日赤の職員が「保護」するような緊迫した場面もありました。

彼女たちに許された日本での滞在期間は1週間前後でした。それぞれの故郷に帰り、親族との再会や墓参りを終え、東京に戻ってくると、みんなの表情が驚くほど柔和になっていた。懐かしいふるさととの空気が、祖国を離れて経験した苦難を忘れさせてくれたのでしょう。

帰国の日。宿舎として使っていた代々木のオリンピック記念青少年総合センターに足を運び、空港に向かうバスを見送りました。みんなが車窓から満面の笑みを返してくれました。

「あの時、近衛さんは手を振りながら泣いていた」。部下からそう指摘されましたが、私は覚えていません。ただ、冷え切っていた日朝のパイプにぬくもりが通った忘れられない瞬間だったことは、間違いありません。

この機運を逃すまいと考えた私は、同じ11月にスペインで開かれた連盟総会を利用することにしました。朝赤の団長李星鎬(リ・ソンホ)会長代理と議場で接触し、私の訪朝を認めてほしいと直談判したのです。日朝に横たわる人道問題を解決するには、こちらから乗り込んで直接対話するしかないと考えました。

ところが、2回目の里帰りをめぐって軋轢が生じました。朝赤から事前に示された里帰り対象者のリストには、北朝鮮への帰還時に日本国籍を離脱した人が含まれていた。日本側はこれに該当する2人の入国を認めませんでした。日本国籍の離脱者に対して税金を使うことへの疑義が、一部のマスコミから示されたのです。日本人妻の宿舎オリンピック記念青少年総合センターでは、反北朝鮮の街宣活動も行われた。北朝鮮側は「日本人妻が侮辱された」と態度を硬化させ、里帰り事業の中断を求める事態に発展したのです。

私の訪朝も遠のいたと諦めかけていたところ、98年（平成10年）3月に朝赤から正式な招待状が届きました。差出人は李星鏑さんでした。日本に対する誹謗や中傷はなく、とても丁寧な文面でした。後で知った話ですが、よど号事件の時、私とテレックスでやりとりした朝赤側の窓口が李さんだったのです。政府間の外交とは別のチャンネルで人道支援を実現したいという、先方の意思を感じました。

翌月、日赤の役員としては42年ぶりとなる訪朝が実現しました。平壌の朝鮮赤十字会を訪れると、1月の里帰りから外れた2人のご婦人と面会する場が設けられました。「北朝鮮に来てからずっと『日本人』と呼ばれ、寂しい思いをしてきました。日本からは『国籍離脱者』として里帰りが許されず、とても悲しい」。二重のつらさに必死に耐える彼女たちにかける言葉が見つかりませんでした。朝赤からは前向きな話もありました。「次の里帰り事業を実施したい」という内々の意向を聞くことができたのです。日赤と朝赤とのパイプは、思っていた以上に強固なのだという感触を得ました。

ただ、日朝関係は絶えず乱気流にさらされてきました。北朝鮮はこの年の8月に長距離弾道ミサイル「テポドン」を発射しました。翌99年（平成11年）3月には日本海で不審船事件が発生しました。それでも、9か月後の日朝赤十字会談で、新たな里帰りの合意にこぎつけることができました。共同発表文書に署名した私と朝赤の中央委員会副委員長許海竜（ホ・ヘリョン）さんが、握手を交わす場面を捉えた写真が新聞に掲載されました。

3回目の里帰りは2000年9月に実現します。しかしその後、北朝鮮政府が「拉致（らち）問題」への関与を認め、日本の国民感情はかつてないほど悪化しました。日本人妻たちが日本滞在中に不測の事態を招く恐れもあるという判断から、里帰り事業はこの3回目を最後に途切れてしまいました。

日本人行方不明者

赤十字運動の重要な活動のひとつとして、紛争や災害による「行方不明者」の安否調査が挙げられます。赤十字国際委員会（ＩＣＲＣ）には、「中央追跡調査局（The Central Tracing Agency＝ＣＴＡ）」という専門機関があります。ＣＴＡと世界中にある連盟加盟社は、相互に情報を交換しながら離散家族の再会を支援してきました。日朝赤十字会談の協議で、日本人妻の里帰り問題と並行してクローズアップされたのが、北朝鮮による「拉致問題」でした。ただし、私たち赤十字の活動は、中立性、公平性、独立性に依拠しているため、行方不明の原因や責任の追及は、調査の対象外に置かれます。ですから、日赤が「拉致」について協議したことはありません。

北朝鮮政府は２００２年（平成14年）９月の日朝首脳会談で、初めて「拉致」を認めました。日本人の被害者は「５人生存、８人死亡」という説明がありました。これは日本政府が水面下で進めた交渉で、北朝鮮政府から引き出した「政治的な成果」でした。小泉純一郎首相が平壌に乗り込み、金正日総書記と直接対峙したこの会談に、日赤は同行することが許されませんでした。北朝鮮による組織的な拉致犯罪が絡んだ日本人行方不明者の問題は、赤十字の案件から切り離されていました。

この首脳会談で北朝鮮が伝えてきた行方不明者の「安否リスト」は、日本政府の手で発表されました。日赤はその内容を報道で知ることとなりましたが、ほどなくして安否リストは「日赤宛て」だったことが判明します。拉致問題が「政治案件」であることは承知していました。それでも、朝赤の信頼をつないできた日赤の努力をないがしろにするような日本政府の対応には、当時の藤森昭一社長以下、日赤の全員が悔しい思いをしました。後日、日朝間の極秘交渉を担当した元外務審議官の田中均さんにお会いした時、日赤の名前を散々使っておきながらあまりにもひどいじゃないかと抗議しました。田中さんも赤十字のパイプがあったからこそ、政府間交渉が進められたことはよく理解されていた。「日赤には申し訳なかった」とおっしゃいました。

北朝鮮の人道支援

北朝鮮北東部の咸鏡北道（ハムギョンブクト）が、記録的豪雨による洪水に襲われたことがありました。2016年（平成28年）夏のことです。死者・行方不明者500人以上、住宅全半壊3万戸、7万人が避難する大災害となりました。私が会長を務める国際赤十字・赤新月社連盟（IFR

C）は、「朝赤の人道活動を支援するため、1500万スイスフラン（約17億円）が必要だ」という緊急アピールを発出しました。

核実験や弾道ミサイルの発射をくり返す北朝鮮は、国連安全保障理事会の決議に基づく制裁の対象になっています。北朝鮮政府への批判や不信感は根強く、緊急アピールに対する国際社会の反応は鈍かった。しかし、政府の方針や政治体制が原因で、その国のなかで弱い立場にある人々が見捨てられるような事態は看過できません。国際社会の関心と支援を促すため、12月に10日間、被災地を訪れました。1998年（平成10年）以来、2度目の訪朝でした。

国際機関のトップの訪朝は異例でした。北朝鮮に対する経済制裁も行われていたため、支援物資がほかの目的に流用される懸念もありました。「北朝鮮の体制を容認することになる」と、私の訪朝を批判する声も上がりました。ならばなおさら、連盟の人道支援を統括する者として、実態を確かめる必要があります。IFRCは95年から、平壌に連盟代表部を置いて外国人スタッフ3人を常駐させてきました。現地入りすると、代表部のトップから「定期的に被災地に足を運び、赤十字の支援物資が被災者のもとに届いていることを、IFRCの評価基準を使って確認している」と説明を受けました。

洪水に襲われたのは、中国国境沿いのロシアのウラジオストクにも近い地域で、11月以降は日中の最高気温が零下になると聞きました。私が投宿したのは北朝鮮第2の都市清津（チョンジン）のホテルでしたが、お湯が使える時間は限られ、停電もたびたびあった。住居を失った被災者が凍えないか心配しましたが、すでに1万2000戸の復興住宅が完成していると説明されました。極寒のなか、何時間も車に乗って実際に訪ねてみると、朝晩1時間ずつしか水道が使えないといった不便はありましたが、現地で使われている床暖房「オンドル」も備え付けられていた。評価できる対応だと感じました。こうした迅速な対応は、建築資材や貯水タンクを提供した、IFRCなどの国際協力があって実現したことでした。

洪水の発生時、朝赤支部のスタッフやボランティアが、地元の若者と協力して高齢者や女性、子供を背負って避難したそうです。洪水で家を失った朝赤のメンバーもいましたが、テントで暮らしながら活動を続けていました。この年春の熊本地震や、東日本大震災で、被災して自家用車や避難所で寝泊まりしながらも、業務を続けた日赤の仲間たちの姿と重なって見えました。

平壌近郊で朝赤支部の活動を見学する機会がありました。給水や植林、養豚、ビニールハウス栽培などを対象とした支援を実施していました。貧しい人々の生活の支えになるこうした活動は、住民から感謝されていました。この視察の付き添い役は、つきあいの長い朝赤の李虎林（リ・ホリム）事務総長でした。「各支部の組織を強化していくことが私たちの課題です」と人道支援に向きあっていく意欲を語りました。

この訪朝の終わりに、北朝鮮で序列2位の金永南（キム・ヨンナム）最高人民会議常任委員長と面会しました。「国際機関のトップがこの寒い時期に被災地を訪れてくれたことに感謝している」とくり返し言われました。「国家間の問題は別として、赤十字の協力があるからこそ、多くの人道問題を解決できると考えます。今後も赤十字の関係を進めていくことが大事ではないでしょうか」。そんな私の呼びかけに金委員長もうなずいていました。

信じて守り続ける

北朝鮮にも人道支援に真剣に向きあっている赤十字の仲間がいるということを、知っていただきたいのです。阪神・淡路大震災と東日本大震災の時、朝赤から計2800万円を超える救援金が日赤に届きました。これは決して無視してはならない善意だと思います。

私が朝赤の仲間たちの心の内に触れられるようになるまでには、長い時間を要しました。1970年代にジュネーブの連盟事務局に出向した当初は、日朝間の緊張関係の影響もあり、朝赤のメンバーと目を合わせることもできませんでした。それが、赤十字の国際会議で顔を合わせるうち、自然とあいさつを交わすようになりました。時には「そのうち食事でも」と声をかけてみる。そんなやりとりをくり返すうち、普通の会話を交わすようになり、冗談を言い合うほど打ち解けることのできた人もいました。

同じ人間として血の通った会話を重ねていく。些細なことに見えるかもしれませんが、こうした努力こそが、政治や思想の壁を乗り越えて信頼関係を築いていくための秘訣だと、私は考え、実践してきました。

「日本人行方不明者」と判明した5人の方々が、北朝鮮から帰国を果たした日朝首脳会談から、すでに20年余りが経過しました。その後、新たに消息が判明した日本人行方不明者は1人もいません。北朝鮮にいる行方不明者と日本にいる家族の再会という、赤十字の重要なミッションは、いまだにまっとうできていません。大切な人の無事を願い続けているご家族の胸の内を思うと、無念でなりません。

北朝鮮は近年、核・ミサイル開発を加速させており、政府間で正常な外交交渉が成り立つような状況にはありません。ですが、日朝に横たわる問題を人道的に解決することを諦め、その道を閉ざすようなことがあってはならない。日赤はこれからも、朝赤とのパイプを大切に守り続けていきます。

日赤をより強く

海外たすけあい誕生

2度目の連盟事務局への出向でジュネーブに駐在していた時、三笠宮家の宜仁親王（桂宮殿下）から、お電話をいただきました。「NHKがテレビ放送開始30周年記念の国際的な事業を検討している。日赤と一緒に何かできないか」というご相談でした。桂宮殿下は妻甯子の2番目の弟で、当時は嘱託としてNHKに勤務されていました。

桂宮殿下からのご依頼を日赤本社に伝えると、ほどなくして「海外での活動を支えるための募金事業」というアイデアが浮上しました。ただ、新たな事業として寄付金を集めるには、国の許可が必要で、東京の日赤本社の担当者はその手続きにいろいろ苦労したと聞きました。NHKからは「日赤も何かの周年行事にしてほしい」という依頼もあり、社内で知恵を絞りました。アンリー・デュナンが赤十字国際委員会の前身「五人委員会」を設立した1863

年（文久3年）に目を付けて、「国際赤十字創設120年」という節目をひねりだしました。

こうしたいきさつで、1983年（昭和58年）2月に初の「海外たすけあい」が実施されました。ありがたいことにその反響は大きく、15万8000件、計10億4700万円もの寄付をいただきました。海外たすけあいは1回限りの予定でしたが、翌84年に死者が100万人に達したエチオピア大飢饉が発生しました。世界的な人道支援による救済の必要性が叫ばれるなか、第2回が実施されることになりました。「赤い羽根」で知られる中央共同募金会の「歳末たすけあい」と合同という形で、この年の12月に募金を呼びかけると、13億円が集まりました。これが過去最高の募金額となっています。

海外たすけあいは2022年（令和4年）で40回に達しました。計287億円に上る募金総額は、延べ166の国と地域での支援活動に使われてきました。

第1回の海外たすけあい募金を原資として始めたのが、ネパールでの井戸掘り事業でした。現地の水供給環境を改善するため、各地の集落を回り、井戸を掘っていくという、日赤らしい地道な活動でした。1983年から2003年まで、足かけ21年に及んだこの支援により、ネパールでは疫病が減りました。水汲みの労働から解放された女性や子供たちは、新たに仕事に就いたり、登校して勉強に励んだりできるようになりました。

ベトナムでは、沿岸部にマングローブを植林するため、海外たすけあいの募金を使わせていただきました。時間をかけて育てていったマングローブの森は、台風や高波の被害を防ぐ「緑の壁」になるだけでなく、地球温暖化防止への役割も果たしています。植樹面積は1万

井戸掘り事業でネパールに水を供給

ヘクタールを超え、2025年（令和7年）までに温室効果ガス1630万トンを吸収することが見込まれています。

赤十字シンポジウム

「海外たすけあい」という募金事業の意義や成果を世間にお知らせする「赤十字シンポジウム」の創設にも関わりました。

きっかけは、スイスユニオン銀行（UBS）が1987年（昭和62年）に計画した創立125年の記念事業でした。日本での事業展開を請け負った広告会社の知人から、「日赤と一緒にできる企画はないか」という相談を受けたのです。頭に浮かんだのが、日本がまだ加入していなかった77年（昭和52年）のジュネーブ条約追加議定書（2004年に加入）への理解を深めるイベントでした。この議定書は、武力

皇太子同妃両殿下をお迎えしたレセプション

紛争の多様化を受け、国際人道法を拡充するという狙いがあり、日赤はぜひ、批准してほしいという立場でした。

ＵＢＳは私の提案に乗り気で、「国際人道法のシンポジウムならば、皇族方に出ていただけないか」という反応でした。日赤の社内では、銀行がスポンサーとなる行事を催すことへの異論も出ましたが、宮内庁の東宮職の方から「皇太子同妃両殿下（現上皇上皇后両陛下）はシンポジウムの趣旨に賛同されている」と内々に伝わってきました。

条約の締結は政治的な事柄です。皇室の活動と線を引いていただくため、皇太子同妃両殿下にはシンポジウムに先だって催される記念レセプションのみご臨席を仰ぎました。その席でＵＢＳのロバート・ホルツァック会長やＵＢＳの要望に応じて来日してもらった赤十字国際委員会（ＩＣＲＣ）のコルネリオ・ソマルガ委員長にお会いいただきました。この２人に対し、日赤名誉副総裁に就任されている両殿下から、金色有功章（日赤の業務への貢献に贈られる勲章）を授与していただく機会も設けました。こうしたアレンジにより、皇室、ＩＣＲＣ、ＵＢＳのいずれからも了承も得て、シンポジウムの実現にこぎつけました。

第1回の赤十字シンポジウムは二部構成で、ＮＨＫや朝日新聞と共催しました。パネリストには、国際政治学者でいまは参議院議員を務めている猪口邦子さん、朝日新聞編集委員の筑紫哲也さん、エッセイストの神津カンナさんらを招き、〈日本人は紛争犠牲者のため、いかに行動し、いかに貢献しうるか〉といったテーマでディスカッションしました。

私も第1回からパネリストとして出席し、日赤が海外で展開する人道支援について実体験を交えながら説明し、赤十字運動のＰＲに努めました。このシンポジウムは２０１８年（平成30年）まで続き、海外たすけあいとともに、日赤の国際的な活動を支える「車の両輪」の役目を果たしました。

看護大学の開設

１９９１年（平成3年）4月に副社長に就任すると、看護婦を養成する高等教育部門「日本赤十字学園」の理事長も兼務することになりました。そこで力をいれたのが、看護大学の設置でした。

日赤は100年来の伝統として、赤十字病院に併設された養成学校で看護婦を育ててきました。しかし、時代の趨勢により、「日赤の看護婦が他の大学で看護学を修めた卒業生の下働きになってしまう」「教員となって日赤の看護婦の指導や養成を担う人材が育ちにくい」などの弊害も聞こえてきました。人の命を預かる看護の現場はあくまでも実力主義で、学歴がモノを言うようなことはありません。しかし、歴史と実績を兼ね備えた日赤の看護部門を維持していくには、「若者の大学志向の高まり」「日本看護協会での発言権の確保」といった社会的な要因にも考慮した、戦略的な運営が欠かせない時代を迎えていました。

そこで日赤は、全国に置いている専門学校を集約したうえで、各地方に大学を設置するという新方針を掲げました。日赤には当時、東京・広尾の日赤医療センターに併設した86年(昭和61年)開設の看護大しかありません。ほかに武蔵野と愛知に短大が2校、各地に36の専門学校を置くという体制でした。

新たに看護大を開設するには、看護婦の勤務先であり、養成の場にもなっている日赤病院の理解が不可欠です。さっそく各病院に協力を求めると、「大学出の看護婦なんて生意気になるだけだ」と反対する病院長もいました。人道主義に基づく医療を提供するうえで、何の意味も持たないこんな偏見につきあっていても時間の無駄です。私は大学を新たに設置させていただく地元自治体に理解を求めることを優先し、地方出張を重ねました。

全国に置いている日赤の支部は、保健衛生行政などに通じた都道府県の元幹部が事務局長に就任するケースが多いのです。そのつてを頼って地元の知事や議員たちに面会を申し入れ、資金の調達や敷地の確保などで支援してもらえるようお願いして回りました。

北海道支部の事務局長が看護大の設置に前向きで積極的に動いてくれたおかげで、東京以外では初となる看護大が99年（平成11年）、北海道北見市に誕生しました。秋田、愛知、広島、福岡の4県にも看護大や看護学部を開設できましたが、それでもまだ空白の地域が存在しています。例えば、大阪など近畿地方に日赤の看護大はありません。赤十字病院の協力が十分に得られなかったなどの要因があり、そこは私の力が及ばなかったと、いまも心残りに感じております。

森英恵さんの慧眼

日赤学園の理事長としてもうひとつ印象に残っているのが、看護婦の制服の見直しについて検討したことでした。

当時の日赤の看護部長から、「時代にあった新しいデザインの制服がほしいという声が、看護婦たちから出ています。理事長の知り合いの森英恵（はなえ）さんにご協力をお願いしてもらえませんか」と頼まれたのです。

この時、見直しの対象になったのは、日赤の看護婦が重要な機会に着用する制服でした。色は濃紺で、首元まで閉まる襟、肩にはパッド、幅広のプリーツスカートというデザインで

日赤の「救護看護婦」の制服

す。リボン付きの帽子とセットになっていて、かつては日赤の看護婦が戦地に赴く際に身につけた「救護服」でした。大正時代からデザインを変えずに使用され、戦後は看護学生が卒業式で着用する「式服」としても定着していました。

森英恵さんは日本人として初めてパリでオートクチュールコレクションを発表した世界的なファッションデザイナーでした。もともと妻の甯子が親しくしていて、私も時々ご一緒させていただく間柄でした。森さんに事情を説明して時間を取っていただき、表参道のアトリエに伺って制服をお見せしました。森さんはさっと目を走らせた後、腕を組んでしばらく「うーん」とうなっていました。あまり興味が湧かないのかと不安になり、「どうでしょうか」と水を向けると、森さんは「とても珍しいものを拝見しました。こんな素晴らしいデザインを変えるなんてとんでもない」とおっしゃいました。

予期していなかった反応で驚きました。結局、森さんはこの制服にはまったく手をつけませんでした。その代わりにと、海外に派遣される日赤の看護婦が着用できるようなユニフォームの製作に協力してくれました。耐久性や通気性といった機能面に優れ、さらに、1980年代後半にはやり始めたパステルカラーを採用したデザインでした。

「看護の質の向上」に寄与したフローレンス・ナイチンゲールを称えた「フローレンス・ナイチンゲール記章」というメダルがあります。赤十字国際委員会が2年に1度選考を行い、ナイチンゲールの誕生日5月12日に世界で最大50人の受章者を決定します。日赤は1920年（大正9年）の第1回から2023年（令和5年）の第49回までに、73人の受章者を輩出しています。歴代の受章者たちは、救護看護婦の制服として使われていた濃紺の制服姿で授与式に臨んできました。メダルの授与者は名誉総裁の皇后陛下が務められ、制服の襟元に手ずから記章をつけていただいてまいりました。

森さんは、救護看護婦の誇りを身にまとい、皇后陛下に顕彰していただく栄誉の意義を見抜き、その象徴となる制服を残してくれたのです。服飾の世界を究めたプロの慧眼（けいがん）には、ただただ感謝するばかりです。

阪神・淡路大震災の教訓

1995年（平成7年）1月の阪神・淡路大震災は、戦後の日本が大都市圏で初めて経験した巨大地震でした。政府の初動対応の遅れが批判されましたが、日赤も改善すべき点がいくつも見つかりました。1月17日朝、テレビで第一報を見た時、あれほどの被害になるとは、私も想像できませんでした。

現地入りしたのは1月19日の午前中でした。最初に向かった神戸赤十字病院は、赤十字を掲げる塔屋が崩れかけていました。被災直後から非常用電源が作動していましたが、水道やガスはしばらく供給されず、エレベーターも5日間、使用できませんでした。それでもスタッフたちは懸命の医療を続けていました。自宅から4、5時間かけて歩いて病院に出勤した職員もいました。

その一方で、前線の救護活動をバックアップする役目を担う兵庫県支部は、被災状況の把握も他の支部への応援要請もできていませんでした。日赤の災害対応は、発災地の支部が仕切る仕組みになっています。各支部のなかでは、現地スタッフのトップである事務局長が指揮を執ることになっていましたが、その家族や自宅が被災を免れないような大震災では、支部そのものが機能不全に陥ることも十分起こりうることでした。

神戸の街を視察すると、被災者が朝晩と厳しく冷え込む公園で身を寄せ合っている光景を目にしました。「避難所の手配はできないか」と兵庫県支部に問い合わせたのですが、まったく回答がありません。ボランティアの方々が自ら被災したにもかかわらず、次々と日赤支部に集まってきてくれたのですが、何の指示も出ていませんでした。混乱の極みにあった支部の現状を目の当たりにして、てこ入れが必要だと判断しました。急遽東京の本社から総務局長を派遣してもらい、指揮権を引き取るという非常手段を取りました。

こうした阪神・淡路大震災での経験を踏まえ、日赤は社内の救護規則を改正しました。発災地の支部の要請なしでも隣接する支部の応援を可能としたほか、災害の規模次第では、さらに広域の支部からも自発的に駆けつけることができる体制を整えました。

被災地から戻ると、日赤名誉総裁の美智子皇后陛下（現上皇后陛下）に視察の結果をご報告するため、26日に皇居の御所にお伺いしたことがありました。

被災地の状況や日赤の一連の対応についてご説明申し上げると、皇后陛下から、「こういう災害では心のケアが大変重要だと思いますが、赤十字はなにかなさるのですか」というご下問がありました。当時の日赤の心のケアは発病後の治療が中心でしたが、皇后陛下は被災によって鬱病や心的外傷後ストレス障害（ＰＴＳＤ）を発症するような事態を、未然に防ぐための対応をイメージされていました。皇后陛下は平成のお代替わり以降、天皇陛下（現上皇陛下）とご一緒に91年（平成3年）の雲仙普賢岳の火砕流や93年（平成5年）の北海道南西沖地震などの被災地に入られ、被災者の声に直接耳を傾けてこられました。そうした経験に基づいた貴重なご指摘でした。

日赤はその後、専門の研修を受けた看護師やボランティアを被災地の避難所などに派遣し、被災者に声をかけ、コミュニケーションをとることで、その不安や悲しみに寄り添えるような体制を構築しました。

ダイアナ妃に日赤の震災対応を説明

美智子皇后とダイアナ妃

阪神・淡路大震災の翌月には、英王室のダイアナ妃が来日されました。ダイアナ妃は当時、英国赤十字社の副総裁でした。日赤にも事前に来日に関する情報が届いていて、「被災地入りをご希望されているようだ」と聞こえてきました。しかし、地元の自治体や警察、消防といった関係機関からは、「災害対応に追われているので要人の対応までとても手が回らない」「できればご遠慮いただきたい」という反対の声がありました。

するとある朝、私の自宅に皇后陛下からお電話をいただき、「ダイアナさんがぜひに、とおっしゃっています。力になってあげていただけますか」というご依頼がありました。関係諸機関や英国大使館などと調整をしましたが、やはり現地での受け入れは難しい状況で、東京の日赤本社にダイアナ妃をお招きすることにしました。被災地で撮影した写真をご覧に入れ、現地に派遣した日赤の職員と懇談していただく機会を設けました。

その夜、英国大使館でダイアナ妃と夕食をご一緒すると、被災地入りを望んだ理由についてご本人が説明されました。「ご存じの通り、私は世界中のメディアの注目を集める身です。その私が現場に駆けつけることで、被災地の窮状が広く知れわたり、被災した方々に少しでも多くの支援が集まればと考えたのです」

自分の置かれた特別な立場を困っている人々のために役立てたい――。ダイアナ妃のとられた行動はまさに「ノブレス・オブリージュ」の発露でした。「noblesse（貴族）」と「obliger（義務づける）」という仏語を組み合わせたこの言葉は、「高い身分の者はそれ相応の社会的な義務や責任を果たすべきだ」という、欧米の貴族社会に伝わる道徳観を表します。そんなダイアナ妃の秘めた思いを一番よく理解されていたのが、59年（昭和34年）に皇室に嫁がれて以来、天皇陛下とご一緒に国民に寄り添われてきた皇后陛下だったのだと思います。

皇后陛下は、私が御所でご説明した5日後、天皇陛下とご一緒に阪神・淡路大震災の被災地に入られました。被災者の言葉に耳を傾けると、避難所を離れるバスの窓際で両拳を握るポーズを続け、みんなを勇気づけられました。皇居でつみ取られ、慰霊のために現地で手向けられたスイセンは、復興への願いの象徴となり、スイセンを生かした街づくりも始まったと聞きました。

連盟会長就任

会長選に出馬

国際赤十字・赤新月社連盟（ＩＦＲＣ）の会長を２００９年（平成21年）から2期8年務めました。２度の会長選挙で掲げたスローガンは、「Spirit of Togetherness（連帯の精神）」。すべての加盟社が一丸となり、人道支援のために邁進（まいしん）できる組織づくりを目標に掲げました。

私は30代と40代の２度、ジュネーブのＩＦＲＣ事務局に出向し、１９９５年（平成7年）から8年間、赤十字・赤新月常置委員会委員、日赤社長に就任した２００５年（平成17年）以降は、ＩＦＲＣ副会長として働きました。20代の頃から世界中の人道支援の現場に顔を出してきたこともあり、一緒に汗を流してきた各加盟社の仲間たちからは「会長選に出たら」と勧められてきました。

ＩＦＲＣという組織の実情をよく知っているだけに、私には迷いもありました。この組織に加盟する国や地域は当時、186を数えました。東西冷戦の終結から20年たっても地域や文化、言語の違いに由来する派閥やグループが根強く存在していた。IFRCの会長は、そうした壁によって生み出される組織内の政治にも向きあわなければならないのです。

私が日赤代表として会長選への立候補を決意したのは、選挙前年の2008年（平成20年）のことです。南アフリカ・ヨハネスブルクで開催された連盟の国際会議がきっかけでした。その会議に派遣された日赤国際部課長の田中康夫君から、東京にいた私に催促の電話が入ったのです。「ミスター近衛がIFRCの会長になる気があるならば、50か国が集まっているこの会議の開催中に出馬を表明しないと、もう次の機会はないと言っていますよ」

そう言って私の背中を押してくれたのは、オランダ赤十字社の副社長マルグリット・フランチェスカ王女でした。オランダのベアトリクス前女王の妹で、行動力があって発言力もあり、IFRCで一目置かれる存在でした。そこまで気にかけていただいている仲間がいるのであれば、出馬するしかないと心に決めました。

その国際電話でヨハネスブルクとやりとりして「連帯の精神」を掲げた施策を英語でとりまとめました。同じく現地に派遣されていた国際部長の田坂治君が、そのメモを会議場のロビーで読み上げると、マルグリット王女の呼びかけで集まった西欧や北欧の加盟社の仲間たちが、大きな拍手で私への支持を表明してくれたのです。この出馬表明を機に、アジアやアフリカの各加盟社にも支援の輪が広がっていきました。

連帯の精神

「連帯の精神」というスローガンも、この時の国際電話のやりとりを通じて急ごしらえしたものでした。国際会議の開催地ヨハネスブルクで、その出席者を招いた「Africa Umoja」というミュージカルが上演されました。「Umoja」とは「団結」「結束」を意味するスワヒリ語です。この作品は、人間の喜びや悲しみ、生と死、希望を歌と踊りで表現しながら、南アフリカの歴史や文化をたたえる内容で、その副題が「Spirit of Togetherness」でした。私の「政策」をわかりやすく伝えるスローガンが必要だという話になった時、田中君から「ミュージカルの副題がこんなフレーズでしたがどうですか」と提案されたのです。よいアイデアだと直感して採用しました。当時のIFRCは「連帯の精神」を取り戻す必要があったからです。

私の前任の会長は、スペイン赤十字社のファン・マニュエル・スアレス・デルトロ・リベーロ社長でした。IFRCの公用語は英語、仏語、スペイン語、アラビア語ですが、前会長は英語や仏語は不得手で、アラビア語はできませんでした。それで母国語のスペイン語で国際会議を仕切ることがありました。すると、どんどん話を進めていくスペイン語圏の加盟社と、他の言語を母国語とする加盟社とのあいだで、微妙な温度差が生じることがありました。どの公用語にも属さない日本人の私には、前会長が、国際赤十字の世界で伝統的に幅を利かせる英仏語圏に対抗しているように映りました。

私が出馬を決めた時、すでにスペイン語圏から候補が立っていました。３代前も連盟会長を務め、返り咲きを狙うベネズエラ赤十字社のマリオ・エンリケ・ビラロエル・ランダー社長でした。ビラロエル社長も母国語以外の公用語はあまり話しませんでした。この時の会長選の構図を顧みると、マルグリット王女に近いグループが私の支援に回った背景には、スペイン語圏の会長が続くことへの「懸念」も作用したように思います。

国際会議では、公用語を自在に操るネイティブ・スピーカーが議論を有利に進めてしまい、ノン・ネイティブの意見は反映されにくくなるようなケースを見かけます。私はＩＦＲＣの一員として、できるだけ多くの加盟社とそれなりのコミュニケーションをとりたいと考えていました。アラビア語の習得はちょっとハードルが高かったですが、残り３つの公用語は勉強を続けてきました。

さらに私は、もしＩＦＲＣの会長に選ばれたら、日本人らしい柔軟さを生かし、あらゆる言語や文化、宗教に属する加盟社それぞれの声に耳を傾け、中立で公平なリーダーシップを目指そうと決めていました。こうした経緯から、「Spirit of Togetherness（連帯の精神）」を重んじ、「Good Listener（よい聞き手）」に徹するという、私なりのリーダーシップが形づくられました。

役立った兄の選挙

国際赤十字・赤新月社連盟（ＩＦＲＣ）の会長選に立候補すると、国際会議の場で議長からスピーチの時間を与えられます。そこでそれぞれの候補者が施策を説明したり、自分への支持を訴えたりします。どんな選挙でも演説がうまければ票が集まるというわけではありません。ＩＦＲＣ会長選への立候補を表明すると、東京の日赤本社内に選対本部となるチームが編成されました。専従の４人は英語や仏語、スペイン語を話す心強いメンバーでした。このほかにも多くの日赤の職員のみなさんが私の選挙運動を支えてくれました。

ここで役に立ったのが、政治家だった兄護熙(もりひろ)の選挙を応援した経験でした。護熙は参議院議員、熊本県知事を経て、１９９２年（平成４年）、日本新党を結成しました。55年（昭和30年）以来の自民党政権に代わる連立政権を誕生させる立役者となり、衆議院議員に身を転じた93年から94年に第79代首相を務めました。

私は細川家ゆかりの熊本で、選挙運動を手伝ったことがあります。妻の甯子(やすこ)も全国区の応援で石原慎太郎さんと一緒に選挙カーに乗り、「義兄をお願いします」と頭を下げました。甯子は元皇族でしたから選挙にかかわることについて慎重な意見もあったのですが、「大切な家族が人生をかけた大一番だから、できることはしたい」と、一緒に応援してくれました。

護熙が朝日新聞記者として防衛庁（現防衛省）を担当していた時、たまに鳥居坂の自宅から呼び出され、六本木辺りでお昼をごちそうになったことも、恩義に感じていたようです。

私が護熙の代わりに「お国入り」したこともありました。熊本の街角に立って通りを行く人と握手したり、地元の医師や各種団体の集まりに顔を出してあいさつしたり。支持を訴える握手というのはなかなか難しいのです。間合いを外すと相手はすっと手を引っ込めてしまう。にこやかに相手に近づき、視線を外さずさっと握るとうまくいく。そんなことも学びました。

朝から選挙区を走り回り、夜になると選挙事務所で「何人と握手した」「あと何票必要だ」と、陣営の参謀らと情勢分析もしました。兄の選挙では、投票日直前の寝返りや票の切り崩しも味わった。選挙運動は最後まで手を緩めてはならないと学びました。そこで、私の連盟会長選では、「有権者」に相当する各加盟社と徹底的に接触を重ねました。

大票田はなんと言っても50を超える国が存在するアフリカ大陸です。なかでも仏語圏の加盟社が多かったので、出張の機会を設けては、仏語ができる女性職員を伴って現地に飛び支持を訴えました。日本にいる時も、「元気ですか」「ちょっと声を聞きたくて」と理由をつけては国際電話をかけました。世界を股にかけた「どぶ板選挙」といった感もありましたが、私の性に合っていたのか、意外と楽しかったです。子供の頃、祖父護立に「テルは政治家向きだな」と言われていたことを思い出しました。

Who we are

２００９年（平成21年）11月、ケニアのナイロビで開催された連盟総会で、会長選が実施されました。私は有効票１７７のうち、１０７票を獲得して当選することができました。五社委員会を前身とするＩＦＲＣの創設から90年。「歴史上初のアジア出身のＩＦＲＣ会長が誕生した」とニュースになり、国内外のメディアに取り上げられました。

私が会長として最初に手がけたのが、「Who we are（私たちは何者か）」という施策でした。「連盟は世界最大の１億人のボランティア組織というけれど、誰がどうやって数えたの」。ある日、ふとジュネーブの事務局に尋ねたら、誰も答えられなかったのです。これから統率していく組織の実像を把握する必要があると考えました。

〈１年間に４時間以上活動した者〉という条件を付して、各加盟社にボランティアとしてカウントしている人数を点検してもらったら、実は１３００万人にとどまるという結果になりました。数字が減ったこと自体は何も問題ありません。赤十字の活動は寄付金が頼りです。安心して浄財を託してもらえる透明性の確保が何よりも重要です。大幅に目減りした数字を堂々と公表しました。

ほかにも、各加盟社がチェックリストを使って活動状況を報告し、その結果をＩＦＲＣの事務局で集計するというシステムも導入しました。各加盟社の幹部について〈女性が半数を

会長に初当選し、祝福を受ける

満たすこと〉という規定も設けました。

私の打ち出した施策は、各加盟社の実力や活動の成果をデータで丸見えにするものでした。国際会議で勇ましい発言をする割に、大した活動をしていないような加盟社は居心地が悪くなったことでしょう。新会長のやり方を煙たがる声も聞こえてきましたが、赤十字のブランドや伝統に甘んじることなく、時代に即した人道支援を展開していくためには、避けて通れない改革でした。

人道外交

国際赤十字・赤新月社連盟（ＩＦＲＣ）のトップの重要な仕事のひとつとして、赤十字の理念への理解や活動への協力を各国に求める「人道外交」があります。

就任の翌年、ＩＦＲＣに対する分担金の支払いが滞っていたサウジアラビアに向かいました。ジュネーブの事務局が「サウジアラビアから『もうIFRCには協力しない』と言われて困っている」というSOSを送ってきたのです。当時のサウジアラビアのアブドラ国王は「国家元首クラスでも直接会うことは難しい人物」として知られていましたが、面会の時間をいただけるというので、急いでサウジアラビアに飛びました。

アブドラ国王はこの時、リヤドから離れた山のなかに大きなテントをいくつも張った「パレス」に滞在されていた。そこには何百人もの従者が仕えていて、王族たちが勢揃いした大宴会に招かれました。中央に国王と私の席が設けられました。どういうわけか目の前にテレビモニターが置かれていて、サッカー中継を観戦しながら食事をご一緒しました。国王はとてもご機嫌麗しかった。これは幸先がよさそうだと喜んでいたら、続く会見ではまったく勝手が違いました。

国王は最初に私を一瞥しただけで、あとはブスッとした表情を浮かべ、一言も発してくれません。目も合わせてくれない。沈黙が続き冷や汗が流れました。こちらからお願いした会見です。なんとかしてこの空気を打破しなくてはと必死に頭を働かせたら、前日に目にした地元紙の写真を思い出しました。

それは気球を捉えた写真で、人が乗るカゴから下げた垂れ幕に「King of Humanity（人道の王様）」と書かれていました。アブドラ国王をたたえる標語でした。「陛下、そういえば昨日見かけた新聞に……」。おもむろに気球の話題を振ってから、「陛下にはぜひ、IFRCの

アブドラ国王と会談

人道支援ミッションの守護者になっていただきたいのです」とたたみかけると、国王はニヤリと笑ってくださいました。それでやっと話をすることができました。

この会見後、サウジアラビア赤新月社を通じて「国王陛下は近衛会長とお会いできたことを喜ばれ、お話をとても楽しんでおられました」と伝わってきました。アブドラ国王に直接、分担金の支払いを止めた理由を尋ねるようなことはしませんでしたが、後で聞いた話によると、サウジアラビアのある王族がジュネーブを訪れた時、連盟事務局がぞんざいな対応をしたことが、へそを曲げられた原因だったようです。私と国王との会見からほどなくして、「サウジアラビアが分担金の支払いを再開した」と報告を受けました。

2013年（平成25年）には内戦が続くシリアを訪れました。戦地で救護活動にあたっている赤新月

シリア赤新月社に駆けつけた

社のスタッフやボランティアが攻撃の標的になっていたのです。当時は週に1度、現地に弔電を送ることがIFRC会長の仕事になっていました。シリア赤新月社の犠牲者が50人を超えた時、居ても立ってもいられなくなり、現地入りを決断しました。

まず周辺国のトルコ、次いでレバノンで各赤新月社の社長と会いました。それぞれの意見を聞き、シリア難民の支援のあり方を話し合ってから、内戦地域に向かいました。ベイルートから国境の山を越えてシリアに入ると、「ゴーン、ゴーン」と重く響く砲撃の音が聞こえました。ダマスカスのシリア赤新月社に到着後、オペレーションルームや物資の配給センターを視察し、現地のスタッフを激励しました。そこで、シリアという国は、「政府と反政府」「シーア派とスンニ派」というような、単純な対立構造に収まらない、地縁や血縁が絡み合った共同体が500も存在するのだという説明を聞きました。そのような複雑な母国の実情に通じた赤新月社のスタッフやボランティアは、シリアの人道支援のカギを握る貴重な人材です。私はシリア政府に協議を申し入れ、「敵味方の関係なく人命を救っている我々の仲間が狙われている。これは国際人道法に著しく反する行為であり、到底許されない」と強く訴えました。

シリアの外務次官はその場で対処すると約束しました。しかし、アサド政権軍、反乱軍、イスラム過激派組織イスラム国も加わった三つ巴の戦いは、凄惨を極め、赤新月社の犠牲者はその後も増えつづけました。私は人道主義の力を信じていますが、この時ばかりは無力感にさいなまれました。

新たな標章めぐり紛糾

新たなパレスチナ紛争の火種になりかねない「標章問題」がありました。最初に直面したのは、会長に就任する前のことでした。

２００６年（平成18年）６月。「ダビデの赤盾社」がイスラエルの赤十字社として国際赤十字・赤新月社連盟（ＩＦＲＣ）に加わりました。この加盟に伴い、赤十字や赤新月とは違う新たな標章として、「レッドクリスタル（赤いひし形）」の使用が認められることになりました。このレッドクリスタルの承認をめぐり、国際赤十字を構成する各国政府、赤十字国際委員会（ＩＣＲＣ）、ＩＦＲＣの議論は紛糾しました。

標章は、戦争や紛争で人を救う活動の保護を目的として表示されます。最初に使われた標章「白地に赤十字」は、アンリー・デュナンの母国スイスへの敬意が込められています。国際赤十字創設の1863年（文久3年）、スイス国旗の配色を反転したデザインが採用されました。そこに宗教的な意味合いはないのですが、イスラム教国家は「キリスト教の象徴の十字を連想させる」と反発します。1865年（慶応元年）にキリスト教圏以外で初めてジュネーブ条約に加盟したオスマン帝国（現トルコ）は、その10年余りのち、ICRCに対し、標章として「白地に赤い三日月」の赤新月を使うと通告しました。「イスラム教徒の兵士たちが、赤十字への嫌悪感を抱き、ジュネーブ条約の権利行使の妨げになる」という理由でした。赤新月はオスマン帝国の国旗の配色を反転したデザインです。

以後、赤十字と赤新月という二つの標章が公認されるようになりました。あまり知られていませんが、過去には、インドが「法輪」、アフガニスタンが「赤い門」、レバノンが「レバノン杉」と、各国ゆかりの標章の使用を求めたことがありました。また、レッドクリスタル以前にも、「第3の標章」が使われていた時代がありました。イランのパーレビ王朝の紋章「赤獅子太陽（赤い色の獅子と太陽）」が標章として認められたのです。しかし、1979年（昭和54年）のイラン革命で王制が倒れ、イスラム共和制になると、80年から赤新月が使われるようになりました。

48年（昭和23年）建国のイスラエルはその翌年、自国の組織を正式な加盟社として承認するよう申請しました。その前提として、ユダヤ教やユダヤ人を象徴する「ダビデの紋章」の使用を求めましたが、ＩＣＲＣは「保護標章は赤十字か赤新月に限る」としてこの申請を認めませんでした。

両者の主張は平行線をたどりましたが、１９９０年代の終わりに米国赤十字社がこの問題に介入します。「赤盾社を承認しないならば、ＩＣＲＣに拠出金を出さない」と圧力をかけたのです。米国ではユダヤ系資本が強大な影響力を持っています。米国だけでなく西欧諸国の政府も、渋々ながらイスラエルの支援に回ることになりました。

当時、私は赤十字・赤新月常置委員会（Standing Commission）の委員としてこの問題を担当しました。この委員会はＩＦＲＣ加盟社の選挙で選ばれた委員5人にＩＦＲＣとＩＣＲＣのトップが加わった最高諮問機関です。赤十字国際会議の議事の決定や決議の実現に向けた各加盟社との調整にあたります。新たな標章の導入とリンクしたダビデの赤盾社の承認をめぐる議論は、その調整で難航しました。

インド赤十字社はもちろん面白くない。仏教の教えを象徴する「法輪」が認められなかったわけですから。「赤い門」が認められなかったアフガニスタン赤新月社をはじめ、他のイスラム諸国の加盟社も、ユダヤの特別扱いには納得がいきません。ＩＦＲＣとしての態度を決める会議を開くと、連日朝4時頃まで議論が続きました。ジュネーブには24時間営業のコンビニなんてなかったので、みんなで水を飲みながら話し合いましたが、意見が集約されることはありませんでした。

続いて各国の政府や加盟社も集まった特別会議が開かれましたが、ここでも議論は紛糾し、膠着状態になりました。そこで、新たな赤十字社を承認する立場にあるICRCから折衷案が示されました。宗教的な意味合いもあるダビデの紋章の使用は認めないが、白地に赤いひし形の紋章「レッドクリスタル」を新たに採用するという案でした。各加盟社の主張に耳を傾けてきた私は、「新たな標章の採用はIFRCの結束を乱しかねない」と懸念しました。レッドクリスタルを採用するかどうかの議決を取る直前まで、ICRCの幹部と接触して翻意を促そうと試みましたが、結局かないませんでした。

パレスチナの対立

2005年（平成17年）12月、ジュネーブ条約第3追加議定書の採択により、レッドクリスタルが新たな保護標章として正式に採用されました。IFRCの加盟社は赤十字、赤新月のほかに、レッドクリスタルも表示標章として選べることになりました。

翌年6月、ダビデの赤盾社がIFRCの一員に加わると、他の加盟社とのあいだでトラブルが生じるようになりました。IFRCの仕事でイスラエルを訪れた赤十字・赤新月社のメンバーが、空港の入国審査で執拗に尋問されたり、暴言を吐かれたりと、不愉快な扱いを受けたという報告が寄せられたのです。特に深刻だったのは、赤盾社がパレスチナの「ガザ地区」で救急車を走らせているという報告でした。そこは06年10月にＩＦＲＣに新たに加盟したパレスチナ赤新月社の管轄地域でした。

ガザ地区は、ユダヤとアラブが領有権を争ってきた中東最大の「火薬庫」です。ＩＦＲＣの仲間に加わった赤盾社の活動が、新たな火種になってしまったら本末転倒も甚（はなは）だしい。そんな事態を避けるため、私は会長１期目の13年（平成25年）２月、イスラエルとパレスチナを訪問しました。イスラエルで赤盾社のノアム・イフラッチ社長、パレスチナで赤新月社のユヌス・アルハタイブ社長と会い、救急搬送サービスでしっかりと協力してほしいと、双方にくぎを刺しました。さらに、イスラエル外務省の国連・国際機関担当局のダニエル・メロン局長、パレスチナのサラム・ファイアド首相と会談し、いずれの加盟社の活動に対しても安全を保障してほしいと要請しました。

昨年（２０２３年）来、ガザ地区でユダヤとパレスチナの武力衝突が続いていますが、両者の対立は根深く、解決の糸口は見つかりません。

ガザ紛争の発端は約２０００年前まで遡ります。パレスチナ（現在のイスラエルとパレスチナ自治区）に存在した「古代ユダヤ王国」がローマ帝国に滅ぼされ、ユダヤ人が世界中に離散しました。そのユダヤ人が19世紀に入ると、旧約聖書に書かれた「約束の地」パレスチナに移住して国家の再建を目指すようになりました。そこに定住していたパレスチナ人との対立が深まりました。20世紀初頭の第１次大戦では、この地域の権益獲得を狙う英国が、ユダヤに対して「国家の再建」、アラブに「パレスチナの独立」、露仏に「旧オスマン帝国領の分割」と、三つの相反する約束をしたことで、問題は複雑化しました。第2次大戦後の1948年（昭和23年）、イスラエルがパレスチナに国家を建設すると、アラブ諸国とのあいだで4次にわたる「中東戦争」が勃発しました。米国がユダヤ、ソ連がアラブを支持するという、冷戦構造も持ち込まれました。

異なる民族や宗教が鋭く対立し、そこに諸外国の利害も絡み合うという、複雑な歴史を抱える地域で、人道支援の中立性をいかに確保すべきか。これはIFRCのトップとして常に神経をとがらせなければならない難しいテーマでした。

東日本大震災

被災地に立つ理由

２０１１年（平成23年）３月11日。東日本大震災が発生しました。連盟会長に就任して１年４か月になろうとしていました。私はこの日、和歌山県にいました。日本赤十字社和歌山医療センター本館の竣工式に出席したのです。ホテルでの式典を終え、日赤の和歌山県支部長でもある仁坂(にさか)吉伸知事や歴代の医療センターの院長たちと懇談していたら、大きく円を描くような揺れに遭遇しました。経験したことのない大きな揺れ幅でただならぬ事態だと直感しました。

ちょうどこの時、私は日赤の和歌山県支部の幹部から手渡された「稲むらの火」の絵本を広げていました。

「稲むらの火」は１８５４年（安政元年）の安政南海地震にまつわる伝承です。和歌山の沿岸部の広村（現広川町）が夕闇のなかで津波に襲われた時、素封家の濱口梧陵（はまぐちごりょう）が、稲束を積み重ねた「稲むら」に火を放ち、その炎を目印として村人を安全な場所に誘導し、多くの命を救ったというお話です。

ホテルのスタッフがテレビをつけると、どす黒い波の壁が三陸沿岸をのみ込んでいく映像が目に飛び込んできました。このような状況では、避難誘導にも限界があるのではないか——。そんな思いが頭をよぎりました。一刻も早く本社に戻らなくてはなりません。仁坂知事とのお別れのあいさつもそこそこにその場を離れました。

関西空港に向かう車中で秘書の携帯電話に海外からの着信が相次ぎました。

“Teru, are you all right? We will do our best to support you. Tell us what to do.（テル、大丈夫か？　どんな支援でもするから、何をすればいいか言ってくれ）”

東日本大震災のニュースを知った連盟の事務総長や副会長、各国の加盟社が、未曽有の自然災害に直面した日本への連帯と日赤の救護活動への協力を伝えてくれたのです。ありがたいことでしたが、被害の全容が見えていない段階です。「ありがとう。その時は頼む」という返事にとどめました。関西空港で何とか羽田便の席を確保して機内で出発を待ちましたが、その日は飛べませんでした。新幹線の空席もなく、帰京は翌日になりました。

東京の日赤本社から東北へと出発したのは13日になってからでした。この被災地入りは社内で大反対にあいました。日赤の社長であり、国際赤十字・赤新月社連盟の会長でもある私が、国内観測史上最大のマグニチュード9・0という未曽有の大震災、相次ぐ余震、さらに原発事故が進行中の現場に入るのは、組織のリスクマネジメントとしていかがなものか、という理由でした。

私は被害が甚大だからこそ、トップが被災地の実情を把握して、的確な判断を下さなければならないという考えでした。

トップが陣頭に立つという姿勢は、入社当時の島津忠承社長から学びました。本社で宿直を担当していると、深夜や未明に「大規模な災害が発生した」という一報が届くことがあります。そんな時、島津社長は古びたマイカーを自分で運転して本社に駆けつけました。社長室で電話をとり、現地の支部とやりとりして情報を集め、指示を出していた。そうやって状況を把握したうえで自分の言葉でマスコミにも対応していました。島津社長は私の入社後2か月ほどで退任されたので、教えを請う機会はほとんどなく、ずっと残念に思ってきました。それでも私は、駆け出しの頃、目に焼きつけた真摯な姿をよすがとして、人命を救う組織のトップはかくあるべしと肝に銘じてきたのです。

生かされた反省

私が和歌山から帰京した時点で、日赤本社の車両はすべて出動していました。秘書と救護福祉部の若いスタッフがレンタカーのワゴン車を調達してくれました。そのボンネットや左右のドアに粘着テープで赤十字マークを貼り付けました。この即席の緊急車両に6人が乗り込みました。私、国際部の参事、秘書、運転手、連盟のアジア・太平洋（Asia-Pacific ＝AP）ゾーン事務所の職員、さらにロイター通信の特派員が加わりました。連盟はマレーシアのクアラルンプールにAPゾーン事務所があり、外国メディア対応のため、広報担当者が日本に派遣されたのです。ロイターの特派員は「被災地入りする足がない。一緒に連れて行ってほしい」と頼み込んできました。現地で使う寝袋や水、食料などの備品を詰め込み、特派員のカメラ機材も加わると、車内はぎゅうぎゅう詰めになりました。

13日早朝に本社を出て東北自動車道に乗ると、全国から応援に向かう消防車や救急車、自衛隊などの車両と連なるようにして北を目指しました。東北道を降りて被災地に近づくと、道路のデコボコが激しくなりました。給油のために立ち寄ったガソリンスタンドは、長蛇の列ができていたが、赤十字を貼り付けた緊急車両のため、みなさんが順番を譲ってくれました。赤十字に対する信頼と期待の大きさを感じました。

まず福島県の日赤支部、続いて宮城県庁を訪れ、各県支部の事務局長から報告を受けました。宮城県の村井嘉浩知事と面会し、記者会見に臨んだ後、災害医療の前線基地になっている石巻赤十字病院に向かいました。

石巻赤十字病院はかつて石巻の沿岸部に建っていた。それが大震災の5年前、高速道路のそばで各地域からアクセスしやすい内陸部に移転していました。新しい病院は免震構造を備

石巻赤十字病院でのミーティング

え、ロケーションも海から直線で4・5キロメートル離れていたため、地震と津波いずれの被害も免れました。かつての病院跡地には、赤十字看護専門学校がありましたが、その建物は1階の天井まで浸水しました。石巻のほかの病院もほとんどが海側にあったため、壊滅状態になりました。唯一の医療拠点として生き残った石巻赤十字病院は、自衛隊や消防とも連携した救命活動の最前線になりました。

私たちが病院に到着したのは午後7時頃でした。ミーティングの最中で、私は邪魔にならないよう静かに後方に回り込み、緊迫したやりとりを見守りました。災害救護を担当する石井正医師が中心となって患者や遺体の扱いなどを確認したり、報告を求めたりしていました。とても冷静沈着に見えました。石井医師をとり囲むようにフロアに陣取るのは、全国から集まった日赤の応援部隊でした。和歌山、神戸、熊本など、関西や九州の救護班の姿も見えました。

石巻赤十字病院の玄関前では、熊本赤十字病院に配備されている特殊医療救護車「ディザスターレスキュー」が稼働していました。全長約12メートル、車幅が拡張し、最大で約25平方メートルの床面積を確保できる。この「動く診療所」を運用する熊本赤十字病院は、日赤が西南戦争で誕生したという歴史的経緯もあり、国内外の救護活動に積極的なことで知られています。この時も熊本から40時間かけて日本列島を北上し、13日午後には石巻で活動を始めていました。

後日、東日本大震災の初動判断について調査した結果、65・3％が「支部」、24・5％が「病院独自」で、応援救護班の派遣を決めていたことが明らかになりました。90・9％は「情報収集が不十分な段階でまずは出動した」という。阪神・淡路大震災では、日赤の初動の遅れが露呈しましたが、その反省に立った規則の見直し、大震災を想定した訓練、研修の積み重ねが生かされました。

職員への感謝

こんな場面も目にしました。被災地には厚生労働省の災害派遣医療チーム（Disaster Medical Assistance Team＝DMAT）も駆けつけました。その制度上の目的は機動性の確保で、災害発生から48時間を目途として運用されています。東日本大震災で受診を必要としたのは、津波に巻き込まれたことによる体調不良や低体温症などの患者が大半でした。DMATが想定した急性外傷の患者は、見込みよりも限られたため、やむなく引き上げるチームもありました。そうした状況にあって、日赤病院から各都道府県のDMATに参加した医師たちは、「このまま被災地に残ります」とDMATから日赤救護班のユニフォームに着替え始めたのです。救護活動は緒に就いたばかりでしたが、「日赤はこの困難な職務をやり遂げられる」と意を強くした瞬間でした。

夜は院長室の床に広げた寝袋で休ませてもらいました。視察2日目を迎えると、石巻から沿岸部をさらに北上し、岩手県の陸前高田市、気仙沼市、大槌(おおつち)町とめぐりました。「目にしてきた紛争地帯を上回る惨状だ」。瓦礫の広がる市街地で、同行したロイター通信の記者がつぶやきました。彼は旧ユーゴスラビアの出身でした。民族対立に端を発した1990年代の「ボスニア紛争」は、3年半余り戦闘が続き、死傷者20万人、難民・避難民200万人に上りました。口にはしませんでしたが、私も先の大戦で目にした焼け野原を思い出しました。

津波で壊滅した大槌町の市街地

東日本大震災は、日本人が戦後に直面した最大の国難でした。その最前線で救護にあたった日赤職員のなかには、ご家族を失った方もたくさんいました。石巻赤十字病院の副院長で看護部長でもある金愛子さんもそのひとりでした。震災直後からご主人と連絡が取れなくなっていたにもかかわらず、業務を最優先し、病院の床で仮眠をとりながら看護部門のトップとして任務をまっとうしてくれました。ご主人のご遺体と対面できたのは4月1日。震災発生から3週間が過ぎていました。大震災の2年後、赤十字国際委員会は金さんにフローレンス・ナイチンゲール記章を贈りました。石巻赤十字病院で記者会見に臨んだ金さんは、「一番喜んでくれているのは主人だと思います」と、目に涙を浮かべながら語りました。

日赤は東日本大震災の発生から6か月の間に延べ7000人余りを投入し、過去最大規模の救護活動を展開しました。赤十字の任務をまっとうした職員たちへの感謝は、言葉では尽くしきれませんが、ここで改めて心からの謝意をお伝えしたいと思います。

義援金配分で批判

残念なことに、職員の奮闘にもかかわらず、日赤が厳しく批判された局面もありました。全国からお寄せいただいた3260億円を超える義援金の配分がスムーズにいかず、被災者のもとに届くまでに時間がかかってしまいました。

みなさまから託された義援金は、通常、中央防災会議が作成した防災基本計画や厚労省の防災業務計画の規定に従い、被災者のもとに届けられます。その募集や配分は、被災した自治体、義援金を受け付ける日赤をはじめとする各団体、さらに報道機関などの関係者で組織する委員会で決めることになっています。

東日本大震災で日赤は、この募集・配分委員会の発足を待つことなく、義援金の募集を始めました。少しでも早く、被災者のもとに義援金を届けるための判断でした。ですが、被災現場の自治体は日々の対応に追われ、義援金の使い方の検討まで手が回りませんでした。日赤から政府レベルの調整を依頼して、4月8日に厚労省を事務局とする「義援金配分割合決定委員会」を開いてもらいました。そこで「住宅の全壊・全焼・流失、死亡、行方不明者」に対して35万円、「住宅の半壊、半焼」に18万円、「原発避難指示・屋内退避指示の対象世帯」に35万円と決めました。

問題はほかにもありました。被災した各都道県の要請に応じて義援金を送金する枠組みが機能しなかった。各自治体による被災者の特定、被害実態の把握は困難を極め、配分の事務も滞ってしまったのです。6月の第2回義援金配分割合決定委員会で、義援金の一定額を留保したうえで、残る全額を被災した各都道県に送金することに決めました。各自治体の判断で配分する枠組みに変えたのです。これらの改善策によって義援金の配分が軌道に乗るまで、巨額の義援金が滞留する形となった日赤は、「なぜ、早く被災者に届けることができないのか」と批判の矢面に立たされました。

前例のない巨額の義援金が集まったことで、日赤の事務も圧迫されました。義援金の受付団体はその全額を被災者に渡すことになっています。その処理にあたる臨時スタッフを雇う費用、送金や受領書の発行にかかる経費など計10億円余りは、すべて日赤からの持ち出しとなりました。受付団体が義援金の一部を事務費として控除することは認められていませんが、義援金受付団体の負担がもう少し軽減されるような措置があってもいいのではないでしょうか。この問題は以前から全国知事会などに検討をお願いしてきましたが、そのままになっています。災害大国日本の義援金制度の改善についても、みなさんに関心を持っていただけたらありがたいと思っています。

海外から1000億円

発災当初、連盟の事務局や加盟各社から支援の申し入れがあったことに触れましたが、東日本大震災で連盟や赤十字国際委員会、各国の加盟社とどのように連携したかについて説明します。

日赤はこの前年の2010年、東海地震を想定した対応計画で、〈必要と想定される海外からの支援〉〈必要としない支援〉などの対応方針を定めていました。必要な支援とは、「海外からの救援金」「国際赤十字との調整に必要な連盟代表の受け入れ」「海外メディアの取材対応要員」「外国人の安否調査のための要員」で、「物資支援」「連盟へのアピール要請」は必要としないと決めていました。

連盟へのアピール要請というのは、国際社会に対する支援の訴えです。被災国の加盟社が連盟を通じ、例えば、災害時の救援や復興の活動資金としていくら必要だ——などと広く呼びかけてもらうのです。東日本大震災は、東海地震の想定をはるかに上回る規模の災害でしたが、海外から過度な支援を受け入れるとかえって混乱を招き、その調整に時間と労力をとられる恐れがありました。東海地震の対応計画に準じた対応を取ることにしました。

結局、日赤には海外の100を超える国や地域、企業、団体、個人から、約1000億円もの「救援金」をお寄せいただきました。欧米やアジアの大国からは数百～数十億円もの支援がありました。アフリカや中南米、太平洋上の小さな国々からも数万～数十万円の善意が届きました。そうした地域は日頃、日赤の支援活動の対象で、貧困に苦しむ人がたくさんいます。そんな国の加盟社から「なけなしの小銭をにぎりしめ、日本人を救うために使ってほしいと寄付する人もいた」という話も聞きました。金額の多寡では計れない善意のありがたみを感じました。

海外の加盟社を通じて集まったこれらの救援金は、日赤の活動に充てることを前提としています。義援金とは違って、日赤独自の裁量で配分や支給方法を決めることができます。

日赤ではまず、救援物資や医療班派遣の費用、避難所や仮設住宅への支援、トイレや風呂、シャワーなどの設備に充てました。仮設住宅の入居者に対し、生活家電6点セット（冷蔵庫、テレビ、洗濯機、電子レンジ、炊飯器、電気ポット）を寄贈することを3月中に決めました。日赤社長の私が日本経済団体連合会（経団連）に連絡を取り、それぞれの在庫の確保を要請しました。

クウェートから届いた原油

総額約1000億円の救援金の4割を占めたのは、クウェートからの支援でした。ただし、届いたのは現金ではなく、原油でした。4月になってクウェート政府から経済産業省に対し、原油500万バレルの無償提供の申し出がありました。そこで日赤が原油代金の活用スキームの検討を請け負うことになりました。

日赤は当時、JXホールディングスの相談役渡文明さんに理事をお願いしていました。渡さんは1960年に日本石油に入社し、日石三菱社長、石油連盟会長などを歴任したその道のプロでした。石油業界との調整に動いていただいた結果、無償提供された原油を石油元売り4社に買い取ってもらい、その代金計約400億円を、岩手、宮城、福島の被災3県の復興事業に充てるという枠組みを整えることができました。

岩手県はクウェートからの救援金を使い、NHKドラマ「あまちゃん」の舞台で知られる

クウェートから500万バレルの原油が届く

三陸鉄道の運行再開にこぎ着けました。車両11両の購入や駅舎14駅の整備に充当したのです。宮城県は、沿岸部をはじめとする地域医療を支援するため、医学生の就学のための奨学金制度を設立しました。福島県は、地震や津波、原発事故の影響を受けた農林水産業を助けるため、避難中の農家の支援、放射性物質の検査体制の構築、新たな漁法への転換に必要な漁具や機材の整備を進めました。

クウェートから寄贈された支援原油を積んだタンカー第1船が、日本に到着した２０１１年10月。私は横浜市のＪＸ日鉱日石エネルギー根岸製油所で催された贈呈式典に臨みました。

クウェート側からは、クウェート石油公社のファルーク・アル・ザンキ会長や駐日クウェート大使のアブドゥル・ラーマン・アルオタイビさんらが出席しました。クウェートからの原油寄贈は「東日本大震災では最大規模の海外からの支援」と騒がれましたが、オタイビ大使は「何をどのくらい支援したということが重要だとは思わない。大切なことは我が国の日本と日本国民への団結だ」と述べられました。

この20年前の湾岸戦争で、日本の国際貢献は批判されました。それでも、日赤の医療班をはじめ、日本人が懸命に示そうとした人道支援への思いは、クウェート側にしっかりと伝わっていた。いまはそんな風に受け止めています。

連盟会長2期目

苦しんだ再選

国際赤十字・赤新月社連盟（ＩＦＲＣ）会長1期目の後半、会長選挙のあり方の見直しを求める声が加盟社から上がりました。これまで立候補者の母国の政府が選挙運動に関わることがあったが、それでは不公平が生じるというのです。

私の会長選でも日本の外務省のバックアップを仰ぎました。各国の大使館に駐在している日本の大使や職員が、現地の赤十字社や赤新月社の幹部らと接触し、「日赤の近衞をお願いします」と働きかけてくれました。こうした選挙運動は、どの陣営でも広く行われてきたものです。国連や他の国際機関でも同じことでした。

ただそれでは、多くの国々に在外公館を置いている大国出身の候補者が有利になり、小さな国の候補者は不利になってしまうという指摘でした。それまで気づきませんでしたが、言われてみればもっともな話です。さっそく連盟の事務局に指示を出し、1期目のあいだに会長選の規約を改正しました。

再選を目指した次の会長選で、この改正規約をめぐって揉めごとが生じました。その対応で会長2期目はかなりの労力を削がれることになりました。それ以前に会長選そのものが厳しい展開になりました。

1期目の選挙では、有効票177のうち、107票を獲得しました。2期目は有効票185票のうち、私に対する支持は97票と目減りしました。この2度目の会長選も、ベネズエラ赤十字社のマリオ・エンリケ・ビラロエル・ランダー社長との一騎打ちになりました。苦戦した原因のひとつとして、ドイツ赤十字社のルドルフ・ザイタース社長が相手陣営の支持に回ったことが挙げられました。

ザイタース社長はベルリンの壁の崩壊後、東西ドイツ統一に貢献した政治家で、内務大臣や連邦議会副議長を歴任しました。連盟内でも影響力があり、私の初の会長選では強力な支援者になってくれました。ところが、再選を目指した選挙戦の終盤のこと。ネットをチェックしていた日赤の選挙スタッフが、にこやかに握手するザイタース社長とビラロエル社長のツーショットを発見したのです。私とザイタース社長の長い交誼を知っている日赤の職員たちは、「これは裏切りだ」と声を上げました。

あとでわかったことですが、ドイツ赤十字社が私の支援に回らなかったのは、赤十字国際委員会（ＩＣＲＣ）との関係のこじれが背景にあったようです。ＩＣＲＣがある資金集めで、ドイツ赤十字社に仁義を切ることなく、勝手にドイツ国内の大手企業に接触したことがあった。それがきっかけで、両者の関係は当時悪化していたのです。

私はそんな事情があるとは知りませんでしたし、連盟会長に就任すると、ＩＣＲＣとの協調関係をより重視する立場を取ってきました。前任のファン・マニュエル・スアレス・デルトロ・リベーロ会長はスペイン赤十字社の社長で、スペイン語圏、ラテン系の加盟社が支持基盤でした。英語圏や仏語圏の加盟社に対してと同じように、スイスが母体のＩＣＲＣとは距離を置いていた。連盟内では、「スアレス・デルトロ会長はＩＣＲＣとはそりが合わない」と受け止められていました。

言うまでもなくＩＦＲＣとＩＣＲＣは一体不可分の関係です。私は常々、前会長の姿勢に疑問を感じていました。そこで会長に就任すると、かなりの時間と労力を割き、ＩＣＲＣの総裁や幹部、過去の総裁たちと会談や食事を重ね、意思の疎通に努めました。その甲斐があって、ＩＦＲＣ会長としては初めてＩＣＲＣの最高議決機関である理事会に招待されるまでの関係を築くことができました。

会長２期目を迎えてからの話ですが、２０１５年（平成27年）にＩＣＲＣのペーター・マウラー総裁と一緒に広島の平和記念公園を訪れ、そろって献花し、被爆者の証言を聞きました。17年には、マウラー総裁と連名で、すべての国家に対して核兵器禁止条約への署名を求める共同声明を発表しました。現代における核兵器の使用は、人類の存亡に壊滅的な影響を与えるものです。赤十字運動の両輪をなす二つの組織のトップが足並みをそろえ、核兵器の

ペーター・マウラーICRC総裁と

脅威に対峙する姿勢を示したことは、人道主義に基づくメッセージを国際社会に発信するうえで意味があったと思います。

残念ながらこうした私の姿勢は、ドイツ赤十字社にとっては好ましいものには映らず、敵対する陣営と接近する口実になってしまったようです。さらに、ドイツ赤十字社のある幹部を連盟の役職者として受け入れるという約束もあったのだと聞きました。

かたや、選挙戦では敵に見えたのに、実は陰で私を支持していた連盟幹部もいました。私の前任者でもあるスペイン赤十字社のスアレス・デルトロ社長もそのひとりでした。

2013年11月のシドニーの連盟総会で私の再選が決まりました。その直後に握手を求められ、「これでようやくおおっぴらにミスター近衛を応援できる」と笑顔で祝福されたのです。スアレス・デルトロ社長は連盟トップの経験者として、私の1期目の仕事をフェアに評価してくれました。ただし、自分の会長時代を支えてくれたスペイン語圏やラテングループへの義理立てもあり、選挙運動のあいだは、あえてベネズエラのビラロエル社長と競っている私と距離を置いたのです。この再選では、190近い国や地域、加盟社の諸事情に左右される選挙戦の難しさを痛感しました。

直接対決

IFRCの「組織内政治」に翻弄されながらも、なんとか再選を決めることができました。シドニーでの総会の議事がすべて終了し、一息ついていると、ビラロエル社長から「話があるから時間がほしい」と呼び出されました。指定された部屋に向かい、テーブル越しに対面すると、いきなり大声で「ミスター近衞はすぐに会長を辞任してほしい。日赤は重大な選挙違反を犯した」とまくし立てられました。その手もとには分厚いファイルがあり、「証拠もある」と言うのです。私に思い当たることはありません。即座にその要求を拒否しましたが、白黒をはっきりさせるため、IFRCで内部調査をすることになりました。

証拠といっても取るに足らないものがほとんどでしたが、ひとつだけ、慎重に確認しなければならない指摘がありました。それが、会長1期目に改定した〈会長選に母国政府の関与を禁じる〉という規定にかかわるものだったのです。

ビラロエル陣営は、日本の在外公館が会長選で、他国の赤十字社に働きかけを行ったと主張しました。確かに、日本の大使館員が現地の加盟社とコンタクトを取った事実はありました。ただそれは、外務省が窓口となり、各国のNGOや医療・教育機関を支援する「草の根・人間の安全保障無償資金協力」などの事業で、現地の赤十字・赤新月社と接触しただけのことでした。

会長選への支持を取り付けるため、日本の外務省が具体的な働きかけをしたという証拠はありませんでした。そもそも、日赤から外務省に依頼があったのかどうかがポイントですが、当然、そんなことは一切していません。選挙規約の改正を指示しておきながら、自ら規定違反を犯すようなまねをするわけがない。

会長の私が議長を務めるIFRCの理事会メンバーにも、ビラロエル社長の支持者がいて、執拗な追及にあいました。この件を議論するあいだは、私が退室するか、副会長のスイス赤十字社社長に議事進行を任せ、私は横でそのやりとりを見守りました。

こうした試練とともに私の会長2期目はスタートしましたが、多くの仲間から託されたリーダーシップの権限を政治的な駆け引きの材料にされるようなことは放置できません。連盟に第三者委員会を設置し、疑義を究明してもらうことにしました。委員会のメンバーには、国際司法裁判所の勤務経験のある法律家らを外部から招きました。ビラロエル陣営が疑義を呈した証拠の検討や、関係者へのヒアリングを通じ、徹底的に調査してもらいました。

数か月に及ぶ調査の末、第三者委が下した裁定は「シロ」でした。私はこれをもって「ノーサイド」にしようと考えましたが、相手陣営は、「ＩＦＲＣのコンプライアンス調停委員会でこの問題を扱ってもらう」と言い出しました。これにはさすがに頭にきました。こうしているあいだにも、シリアでは内戦が続き、西アフリカではエボラ出血熱の感染が拡大していました。加盟社が一丸となって対処しなければならない問題が山積しているのです。

米ヒューストンで第20回米州地域会議に出席した２０１４年3月。会場のホテルに設けられた会長室に待機していたら、ビラロエル社長を支持する15社ほどの代表が部屋に押しかけてきました。まとまって私に文句を言いに来たのです。

そろそろ決着をつけるべき時だと考えました。口々にワーワー言われてもらちが明かない。一人ひとり順番に話を聞くことにしました。「私の運営にどんな不満があるのか。具体的に言ってほしい」。相手の目を見て問いかけました。先方から何か言われるたび、「その批判の根拠はなにか」「その根拠は間接的に耳にしただけの伝聞情報ではないか」「それは連盟の活動とどういう関係があるのか」と、一つひとつ詰めていきました。

時間の制限を設けず、先方の言い分にひたすら耳を傾けていると、批判のボルテージはどんどん下がっていきました。最後にはもう話すことはなくなったという雰囲気になり、そのままお開きになりました。

2期目の会長選をめぐる騒動は、この直接対決を境に収束に向かいました。後味の悪い時間を過ごすことになりましたが、改めて考えてみると、大陸や地域が同じ加盟社が結束するというのは当然のことなのかもしれません。言語や文化、生活習慣で共通点や類似点があり、地政学的に互いに支え合う関係性もあるわけですから。

だからこそ、人道支援を担う国際組織では、共通点や類似点の少ない相手に向かう負の感情をコントロールできる見識や、そのための努力が求められるのです。私は会長2期目も、"Spirit of Togetherness"という連帯の精神をスローガンに掲げました。国境や個人の感情を超えてより高く深いところで結束し、同じ目的に向かって行く組織づくりを続けました。

ボランティア憲章

連盟会長2期目の最終年に「ボランティア憲章」が採択されました。ボランティアの地位や役割などを規定した憲章です。誕生のきっかけは、エボラ出血熱と闘った西アフリカの赤十字社を視察したことでした。

西アフリカで2014年（平成26年）以降、ギニア、リベリア、シエラレオネを中心に致死率が極めて高いエボラ出血熱の感染が拡大しました。その犠牲者は終息をみた16年までに1万1000人を数えました。この史上最悪のウイルス感染の封じ込めに貢献した仲間をねぎらおうと、私は16年2月にギニアとシエラレオネの加盟社を訪ねました。ところが、現地で直接聞いた報告は耳を疑う内容でした。防疫活動の最前線に立ったボランティアが迫害さ

シエラレオネでエボラと闘った仲間をたたえる

れているというのです。想像だにしなかったことで、驚きました。

現地には遺族が死者の体を洗って葬送する風習がありました。これがエボラ出血熱の感染拡大の大きな要因となったのです。そこで赤十字社のボランティアが、遺族の代わりに遺体の処理にあたりました。衛生上の配慮を最優先して行われた葬儀は、現地に伝わる「神聖な見送り」とはかけ離れたものになりました。特に防護服に身を包んで作業するボランティアの姿は異様なものに映ってしまった。「あいつらは敬意を払うべき死者を冒瀆している」。赤十字のボランティアはそんな憎しみの対象になってしまったのです。

善意に基づく人道支援で、いわれのない「スティグマ（偏見、差別）」にさらされたわけです。そんなボランティアたちの悲痛な叫びを聞きました。ある小学校の先生は、「地域のために命がけで働いたのに職場に復帰させてもらえない」と涙ながらに訴えました。家に放火されたと嘆くボランティアもいました。

これは何とかしなければならない。私はそれぞれの国の大統領や担当大臣に面会を要請すると、その席で「あなたの国の赤十字ボランティアは、恐ろしい感染症に自ら立ち向かった宝物だ。大切に扱ってほしい」と訴えました。同時にジュネーブの連盟事務局に対し、世界中の赤十字ボランティアを守るための施策を急いで検討するよう指示しました。そして、ボランティアの権利を保障し、義務を明確化した次のような憲章が誕生しました。

〈人々に支援を届けることを妨げうる、いかなる政治的、思想的、経済的な介入にも負けず、完全に独立して使命を果たす〉〈国籍、性別、民族、宗教、階級、政治的意向やその他どんな理由においても人々を差別しない〉〈紛争当事者のいずれにも加担することなく、政治、民族、宗教、思想などのいかなる論争にも関与しない〉〈各赤十字社・赤新月社に対し、ボランティアの参加、保護、尊厳を保障し、人道的使命を成し遂げるために必要な手段と支援を提供するよう求める〉

憲章の最後はこう締めくくりました。〈我々自身が、赤十字・赤新月そのものなのだ〉。17年（平成29年）の連盟総会で、このボランティア憲章の制定を議案として提出すると、全会一致で可決されました。

小さな国に光を

会長2期目の任期満了まで2か月を切った2017年9月。最後の海外出張先として私が選んだのは、コモロとレソトでした。「人道の空白地帯を作らない」という信念を貫くため、アフリカの小さな2つの国を選びました。

コモロでは副大統領、レソトではレッツィエ3世国王夫妻と会見しました。その場に各国の加盟社の社長も同伴し、「閣下、あなたの国の赤新月の活動は本当に素晴らしい」「陛下、あなたの国の赤十字のメンバーはとても優秀です」と話題にしました。

コモロはアフリカ大陸南東部のモザンビークとマダガスカル島のあいだに浮かぶ人口90万人ほどの島国。レソトは南アフリカに囲まれた内陸の国で、人口は230万人ほどです。いずれも国際組織のトップが訪れることは稀で、私の表敬訪問は現地で大きく報道されました。両国の加盟社のスタッフは、「自分たちの活動を誇りに思える」と喜んでくれました。

私は連盟会長として、光の当たらない場所で地道に人道支援に取り組む仲間にも、最大限の敬意を払ってきたつもりです。世界の加盟社が一堂に会する総会で議長を務めた時、目立たぬ存在である加盟社も、できうる限り「recognition（認識）」してもらえるよう心がけました。

マイナーな言語を母国語とする小さな国の代表が、総会で発言を求め、つたない赤十字の公用語で、思いのたけを語るような場面がありました。正直なところ、何を言っているかわからず、会場がしらけた空気に包まれることもありました。それでも私は、「それはこういう意味ですか」と確認しながら、参会者にも理解を促し、少しでもその思いをみんなで共有できるよう腐心しました。

ＩＦＲＣの加盟社数は１９０を超えるので、このような議事進行では間違いなく予定の時間をオーバーしてしまいます。会長の特別補佐官として隣で議事進行をフォローしてくれる日赤の田中君からは、〈そろそろ時間です〉〈次の予定があります〉と〝巻き〟の進行を促すメモが入りました。それでも私は、民族や母国の代表として、晴れの舞台でアピールしようとする懸命な姿を見ると、発言を止めることはできませんでした。閉会が夜半過ぎになってしまった時は、さすがにやりすぎたかなと反省することもありました。

Ｒｅｄ Ｃｒｏｓｓｅｒの絆

トルコのイスタンブールで２０１７年11月に開かれた連盟総会の議事進行が、会長として最後の仕事となりました。ボランティア憲章の採択を見届けた後、私は会長を退くと表明しました。続くお別れのあいさつでは、連盟の事務局や各加盟社、その場にいない世界中のボランティアに向けて心からの謝意を伝えました。英語。仏語。スペイン語。アラビア語。赤

会長退任を表明

十字の四つの公用語で「ありがとう」と述べてスピーチを締めくくりました。すると、会場の仲間たちが次々とやってきて、温かいハグとともにねぎらいの言葉をかけてくれました。なかなか鳴りやまない拍手のなかで、「自分のやってきたことは間違っていなかった」と胸をなで下ろしました。

この総会の閉会後にちょっと驚くできごとが待っていました。

ドイツ赤十字社から「少しお時間をいただけないか」と声がかかりました。別室で待っていると、2期目の会長選以来、関係がなんとなく気まずくなっていたルドルフ・ザイタース社長が現れたのです。「あの時は混乱させてしまって申し訳ない。私はミスター近衛のリーダーシップを本当に尊敬している」。そう言って私の手を握ってくれました。ザイタース社長はとても厳格で、簡単に謝罪するような人物ではありません。私たちは長きにわたって赤十字運動を支えてきた盟友ですが、互いに母国や組織のなかでの立場もあり、それぞれが背負っているものもあります。ザイタース社長に抜き差しならない事情があり、疎遠になってしまっても致し方がないことだ。私はそう観念していたのですが、最後の場面で、Red Crosser（赤十字人）同士の揺るがぬ絆を確かめることができました。私はそれがうれしかったのです。

おわりに　身を賭した道

私は日赤に入社して以来、114の国や地域を駆けめぐってきました（290～291ページに訪問国一覧）。連盟会長だった8年間に限っても延べ71か国を訪れました。その移動距離を計算すると地球34周分余りに達しました。私は若い頃から健康には自信があり、長旅はまったく苦になりません。IFRCの会長になってからも、大きなスーツケースを二つ引っ張ってどこへでも飛んでいきました。

どこでも寝られるし、なんでも食べられる。それが私の自慢でした。サイクロン災害で救援に駆けつけた1970年代の東パキスタン（現バングラデシュ）は、衛生状態が最悪でしたが、3か月の滞在中にお腹を壊したことは一度もありませんでした。唯一、体調を崩したのは台湾出張でした。日本兵として戦った台湾の人々に補償する任務で、飲み食いを重ねて理解を深めあったお話をしました。あの時、台湾の関係者はみな本当によくお酒を飲んだので、それにつきあってひどい二日酔いになったことが一度だけありました。

そんな健康自慢の私でしたが、連盟会長を退いた2017年（平成29年）11月には78歳になっていました。長年酷使してきた体がついに悲鳴を上げ、翌12月に緊急手術を受けることになりました。

手術の前日までいつも通りに過ごしていました。NHKで年末恒例の海外たすけあいの番組収録に臨み、夜は会合にも出席しました。帰り道にちょっと寒けがしたのですが、風邪気味かなと特に気にしませんでした。それが翌朝目覚めると、脂汗が出て顔色も冴えない。日赤本社に連絡を入れて体調不良を伝えると、長年私のスケジュールを管理してきた秘書が、「念のために検査をしたほうがいい」と手配してくれて、出勤の車は急遽渋谷の日赤医療センターに向かうことになりました。

病院の玄関前で車を降り、ひとりで歩いて建物に入ることもできたのですが、検査を担当した医師から、「急性大動脈解離」と診断され、すぐに手術する必要があると告げられました。大病の予兆を感じさせる自覚症状はなかったので驚きました。幸いにも、その日は専門の医療チームによる手術が組まれる金曜日でした。予定されていた患者さんの手術がすべて終わった後、手術を受けました。

この手術は10時間に及び、体内の血液が2回入れ替わるほどの輸血を受けました。私にとって初めての大手術でした。予定されていた手術に臨んだ後、疲れを押して私の手術を担当してくれた日赤の医療スタッフ。献血に協力してくださった日本中の方々。多くの善意によって自分は生かされているのだと思い知りました。赤十字の活動を支えてくださる方々への感謝の気持ちを新たにしました。

天皇陛下から直接、勲章をいただくことができた

大動脈解離の手術は成功しましたが、その後に起こった不整脈が原因で脳梗塞（のうこうそく）を発症してしまいました。迅速な処置をしていただき、梗塞は言語領域に限られ、体に麻痺はありませんでした。この時の脳梗塞の後遺症により以前と同じようには話せなくなりましたが、自分の名前も出てこなかった発症当初と比べると、現在はかなり回復しました。

翌18年（平成30年）を迎えると、術後のリハビリのために専門病院に転院しました。そこでうれしいお知らせをいただきました。この年の春の叙勲で旭日大綬章に選ばれたという連絡があったのです。

皇后陛下を名誉総裁にいただく日本赤十字社の社長として、赤十字運動を見守り、ご支援くださる皇室への感謝と敬意を表し、ありがたく勲章を頂戴することにしました。親授式の日取りは、偶然にも私とアンリー・デュナンの誕生日5月8日

日赤社長退任の日

でした。「必ず出席するのだ」という目標が生まれ、リハビリに一層力が入りました。

親授式の日。皇居・宮殿「松の間」で天皇陛下（現上皇陛下）の前に進み出て勲章をいただく私の姿をテレビで見て、緊急手術やその後の治療を担当した日赤の医療スタッフは、「奇跡の復活だ」と喜んでくれました。

この翌週は「全国赤十字大会」に臨みました。これは個々の活動や寄付を通じ、赤十字運動に貢献した個人や企業を顕彰する年1回の日赤最大の集会です。18年が平成最後の開催でした。この式典の終わりに、30年にわたって名誉総裁を務めていただいた美智子皇后陛下（現上皇后陛下）が、ステージの中央に進まれました。そして、次を継がれる雅子皇太子妃殿下（現皇后陛下）にそっと手を添えながら微笑まれました。その光景を目にした私も、赤十字人としての節目を意識しました。翌年5月の令和初の全国赤十字大会で、新たに名誉総裁に就任された皇后陛下をお迎えした後、日赤社長を退任しました。

私は「霞会館（旧華族会館）」の会員として、宮中歌会始の所役を務めたことがあります。歌会を進行する「読師（どくじ）」の控え役を仰せつかった07年（平成19年）のお題は「月」でした。その時にいくつか詠んだ歌のなかに、赤十字人としての矜持（きょうじ）をしたためた次の一首があります。

人の道を　辿（たど）りて行かん　果てなくも　しるべなき夜の　月を明かりに

人道主義の実践は、何の道しるべもないなか、月の光だけを頼りに進むような、不確かな営みに思える。それでも、その意義を信じ諦めることなく、堂々と歩み続けるのだ。そんな気概を三十一文字に込めました。

この本の冒頭で触れた、アンリー・デュナン記章の受章者に選ばれたという知らせが届いたのは、新型コロナウイルスのパンデミックのさなかの21年（令和3年）12月でした。授与式は翌年6月にジュネーブで行われましたが、コロナ禍が収束していない状況に配慮し、オンラインで出席しました。

受章者のスピーチは、日赤で収録した映像を会場で流してもらいました。そこでも「私は一生涯、Red Crosser（赤十字人）であり続ける」という気概を伝えました。「赤十字の父」

から受け継いだ人道主義の灯を命ある限り仲間と一緒に守っていく。そんなメッセージを込めました。

この本が出版される2024年は、私が日赤の扉をたたいてから60年の節目にあたりますが、人類は相変わらず、私が人道支援を通じて対峙した自然災害や感染症の脅威にさらされています。ここ数年の新型コロナウイルス感染拡大による犠牲者は、世界保健機関（WHO）の集計で690万人を超えました。日本では今年元日の能登半島地震で最大震度7の揺れと津波が発生し、甚大な犠牲が生じました。海外では、ロシアのウクライナ侵攻、イスラエルとパレスチナの戦闘など、多くの血が流れる紛争も絶えません。こうした現場では必ず、赤十字や赤新月を背負って活動するスタッフやボランティアの姿を見かけます。苦しむ人々を無条件で救う人道主義は、人類が決して手放してはならない普遍的な価値観なのだと改めて感じています。

私は砲声の鳴り響く中東の紛争地帯に立った時、人道のために殉職するのであれば、それは本望だと本気で考えました。身を賭して人助けの道を歩んできたつもりです。頼もしいことに、私の歩んだ道のさらに先を歩んで行く赤十字社・赤新月社のスタッフやボランティアが、世界中で奮闘しています。彼らの活動も、多くの善意なしには成り立たないことは、私の悪戦苦闘の歩みを通じて感じとっていただけたと思います。今後とも赤十字運動へのご理解とご支援をいただきたく、ここにお願い申し上げる次第です。

刊行に寄せて

清家　篤
（日本赤十字社社長）

本書のタイトルにある「人道に生きる」の底流に流れるものは「ノブレス・オブリージュ」だと思います。この言葉の意味を近衛氏は、「「noblesse（貴族）」と「obliger（義務づける）」という仏語を組み合わせたこの言葉は、「高い身分の者はそれ相応の社会的な義務や責任を果たすべきだ」という、欧米の貴族社会に伝わる道徳観を表します。」（227ページ）と説明されています。そして現代の日本で、おそらく近衛氏ほどこの言葉にぴったりの人はおらず、本書は「人道に生きた」近衛氏によるノブレス・オブリージュ実践の軌跡であるといえます。

今の日本にもう貴族制度（華族制度）はありませんが、旧細川侯爵家に生まれ、旧近衛公爵家に養子に入り、三笠宮甯子内親王と結婚されたというプロフィールは、貴族の中の貴族といっても過言ではないでしょう。もちろん今さら貴族制度を復活させることはありませんし、近衛氏もそんなことは望んではおられませんが、貴族の矜持だけは今も忘れておられません。

とくに足利、織田、豊臣、徳川の武家政権下を生き抜き、かつ茶の湯にも通じる「「文武両道」という武家の理想も貫いた」（22ページ）細川家の末裔であるという意識は強く持っておられるように思います。だからこそ「私は砲声の鳴り響く中東の紛争地帯に立った時、人道のために殉職するのであれば、それは本望だと本気で考えました。」（278ページ）という強い義務感を持たれたのでしょう。まさに武士の気概であり、そうした強い気持ちを持ってノブレス・オブリージュを果たされたわけです。

こうした近衛氏の活動に甯子夫人も伴走されました。それは内助の功といったものにとどまらず、結婚翌年の沖縄訪問に始まり、国際人道支援を進めるために重要である国際交流などの場で、元皇族であるという特別な立場を、困っている人たちのために役立てられたことは本書で随所に紹介されています。近衛氏とともに甯子夫人もまた大きなノブレス・オブリージュを果たされたといえるでしょう。

このような近衛氏の赤十字運動の歩みを辿る本書は、私たちに赤十字の活動を行う上で原則を貫くということ、そして同時に柔軟に変化するということ、その両方の大切さを教えてくれます。例えば原則を貫くことでは、とくに国際紛争地における人道支援において、「中立」というアンリー・デュナンの「敵も味方も分け隔てなく」を表す創設理念を貫くことの大切さを、近衛氏は強調しています。

国際的な紛争では、しばしば一方を悪役とするような図式となり、国際社会が一方を非難したり、経済制裁を加えたりすることも少なくありません。しかし悪役を非難したり、告発したりすることは喝采を浴びるかもしれませんが、それは厳に慎むべきだという、「赤十字の沈黙」の重要性を近衛氏は次のように説かれています。「私はやはり、「赤十字の沈黙」は大切にすべき人道支援の掟だと考えています。（略）もし、（批判された側による対抗措置として：筆者注）赤十字が国外退去や攻撃の対象になってしまったら、明日の命も知れないような、本当に困っている人々に救いの手を差し伸べるチャンスそのものが失われてしまいます。（略）あえての沈黙を自らに課した赤十字の原則は、人道主義の普遍性を担保する究極の知恵と言えるのではないでしょうか。」（203ページ）

同時にそうした原則を貫きつつ、赤十字は必要な変革を続けていかなければならない、ということも本書から得られる大きな示唆です。実際この本は、乏しい予算のなかでの新規事業の立ち上げ、資金調達手段の拡大、災害時の救護応援体制の見直し、4年制看護大学の設立、そして歴史上初のアジア出身の国際赤十字・赤新月社連盟会長として「連帯の精神」で「よき聞き手」となるという行動指針のもと新しいリーダーシップを示す、といった20世紀後半から21世紀初めにかけての近衛氏による赤十字改革の物語でもあります。アンリー・デュナンや佐野常民の色あせることのない創設理念を現代において実現するためには、社会や経済の構造変化に合わせて、赤十字の組織のあり方や活動の方法は常に変革していかなければならないということを、本書は教えてくれます。色あせることのない理想は、古色蒼然たる組織、手法ではなく、清新な組織、手法でこそ実現可能だということです。

近衛家には伝来の品々、書物を収蔵する「陽明文庫」と呼ばれる収蔵庫があるそうです。そこには国宝にも指定されている藤原道長自筆の『御堂関白記』も収められています。この日記は藤原道長の個人的な日記であると同時に、当時の貴族や皇室、さらには国家統治のありようを現代に伝えてくれる文献です。

近衛氏の歩みを記録した本書もまたこの陽明文庫に収蔵されることになるでしょう。私たちが『御堂関白記』によって10世紀末から11世紀前半の貴族社会の実相を知るように、将来の日本人は本書に記された近衛氏のノブレス・オブリージュ実践の軌跡とともに、20世紀後半から21世紀初めにかけての日本赤十字社の活動ぶりを知ることになるのだと思います。そんな楽しい想像をたくましくしつつ、本書の刊行を心から喜びたいと思います。

あとがき

沖村　豪
（読売新聞東京本社社会部編集委員）

平成時代の半ばに皇室担当になってから、宮中などの行事で近衛さんを見かけるようになった。当初は「旧華族で夫人は三笠宮家出身」というパーソナルな側面に目がいった。やがて、日本赤十字社社長として名誉総裁の皇后陛下を行事に迎える姿に接するようになり、東日本大震災では、天皇皇后両陛下や皇太子ご夫妻のもとを訪れ、災害救護の報告をしたと知った。「公私にわたりこれほど皇室とゆかりの深い近衛さんは、どんな人生を歩んできたのか」。そうした興味から取材を申し込み、２０２２年２月から10月まで30回60時間に及ぶインタビューを重ね、読売新聞の連載「時代の証言者」でその半生を紹介した。

紙幅の制約もあり、この連載ではエッセンスしか伝えられなかったが、多くの反響があった。なかでも印象深かったのが、「近衛さんは実力でやってきた人だとわかった」という、古参の宮内庁幹部の感想だった。戦後、華族制度が廃止されても戦前の余韻は残り続け、元華族は特別視されてきた。そうした事情をよく知る人物が、近衞さんの赤十字運動への貢献は本物だと受け止めた。

近衛さんは、家族のこと、失敗談、国際赤十字の内実も包み隠さず語ったが、自身の功績は話したがらなかった。近衛さんが半世紀前に記した報告書や関係者の証言をぶつけ、聞き出す作業が必要だった。旧華族という家柄にも触れたがらなかった。本書で近衛、細川両家の歴史からひもといたのは、近衛さんの語る半生に、先祖伝来の「気風」や「教え」の影響が感じとれたからだ。大仰に言えば、国内外の権力者の前で臆せず赤十字の原則を貫く姿は、大一番で胆力を発揮した藤原鎌足や細川藤孝、忠興親子の逸話を彷彿とさせた。ただし、近衛さんの人生は、勇ましさや華やかさのみで彩られてきたわけではない。実母の面影を知らず、祖父文麿と伯父文隆は、華族だったが故に戦禍の犠牲になったとも言える。幼少期に味わった悲哀が、弱い立場の人々に寄り添う赤十字の精神と結びつき、強くて優しい、近衛流の人道主義がめばえたのだと思う。

日赤に入った近衛青年は、敗戦後も気高く生きる大人たちに学んだ。GHQと張り合った白洲次郎や、「苦労のない喜びなんて三流品」という語録を残した日赤の橋本祐子課長から刺激を受け、発奮した。ネパールの奥地で感染症対策に尽くす岩村昇医師の姿に人道主義の手本を見いだした。船上で出会ったバロン薩摩から尊敬される国際人とは何たるかを感じとった。ここで祖父護立直伝の鑑識眼が生きた。さらに、自ら世界中の災害地域や紛争地帯に飛び込み、人道支援の経験を積むうちに磨かれた人間力は、台湾人への補償や朝鮮赤十字会との交渉といった難しい局面で力を発揮した。国際赤十字・赤新月社連盟会長に就任して掲げた「連帯の精神」という理念は、誰かの受け売りではなく、赤十字運動のあり方を真摯に模索して手にした、揺るぎない信念の結晶といえる。

近衞会長は連盟の運営や選挙制度の透明化、ボランティアの支援強化などの施策を断行した。その底流に赤十字を真にフェアな国際組織に変革するという強い意志が見える。東西冷戦や南北問題、中東問題に翻弄されてきた連盟を、欧米も南米もアジアもアフリカもない、地球規模の連帯感で包み込むことに死力を尽くした。近衞さんは、連合国に戦争責任を問われた首相近衞文麿の評価について語ることはなかったが、日本人初の連盟会長として発揮したリーダーシップがその答えだったと思う。近衞さんと2度、連盟会長選を争ったマリオ・エンリケ・ビラロエル・ランダー氏はその後、ベネズエラ赤十字社でのハラスメントや虐待行為が司法当局の捜査対象となり、母国の最高裁によって社長の職を解かれたと報道されている。本書でこの顚末に触れ、近衞会長の「正統性」を伝えようとしたが、近衞さんは「国家権力の人事への介入は赤十字の独立を侵すものだ」と自ら言及することを拒んだ。私情に走らず、公平中立に徹した人道主義の実践は、筋金入りなのだと改めて感じた。

新聞連載と書籍化に当たっては、近衞さん、甯子夫人、日本赤十字社、永青文庫、陽明文庫をはじめ、多くの方々の協力を仰いだ。近衞さんが記憶の喚起に苦戦すると、インタビューに同席した甯子夫人と、長年秘書を務めた赤十字情報プラザ参事の大西智子さんがフォローしてくれた。日赤広報室調整監の喜多徹さんがいなかったら本書は誕生しなかった。大病を経験した近衛さんのインタビューは難しいとされてきたが、「自分も近衛さんの赤十字人生を知りたい」と、取材申し込みを前向きにとらえ、大塚義治前社長の賛同を取り付けてくれた。清家篤社長には、出版にゴーサインをいただき、多忙な時間を割いて刊行の言葉も寄せていただいた。医師で日本赤十字学園理事長の富田博樹先生は、インタビューの実施に際して医学的な助言をくれたほか、「近衛さんの証言録を残すべきだ」と出版を後押ししてくれた。連盟会長特別補佐官を務めた日赤事業局長の田中康夫さんからは、間近に見た近衛さんのリーダーシップについてご教示いただいた。連帯の精神を感じながら『近衛忠煇　人道に生きる』の刊行に携われたことに心から感謝している。

主な参考文献

著書

『挨拶集　日本赤十字社名誉社長 近衞忠煇』日本赤十字社
『赤十字の創始者 アンリー・デュナン伝　赤十字はこうして生まれた』ピエール・ボワシエ著／廣渡太郎訳　日本赤十字学園 日本赤十字国際人道研究センター
『永青文庫 財団設立70周年記念　美の探求者　細川護立』永青文庫
『細川日記』細川護貞著　中公文庫
『熊本市史』（昭和7年版）熊本市役所
『近衞文麿』矢部貞治著　読売新聞社
『藤原氏――権力中枢の一族』倉本一宏著　中公新書
『人道の旗のもとに』島津忠承著　講談社
『日本赤十字社社史稿』日本赤十字社
『風の男 白洲次郎』青柳恵介著　新潮社
『白洲次郎 占領を背負った男』北康利著　講談社
『近衞文隆追悼集』陽明文庫
『夢顔さんによろしく』西木正明著　集英社文庫
『近衞家の太平洋戦争』近衞忠大著　ＮＨＫ出版

『第8回日本青年海外派遣団報告書（昭和41年度）』総理府青少年局
『せ・し・ぼん　わが半生の夢』薩摩治郎八著　バロン・サツマの会
『「バロン・サツマ」と呼ばれた男　薩摩治郎八とその時代』村上紀史郎著　藤原書店
『蕩尽王、パリをゆく　薩摩治郎八伝』鹿島茂著　新潮選書
『ネパールに生きる――岩村昇対話集』笠岡輝昭編　笠岡編修事務所
『あなたの心の光をください　アジア医療・平和活動の半生』岩村昇著　佼成出版社
『遠い空、近い国、そしてネパール　草の根の人たちと生きる岩村昇博士』内山三郎著　民衆社
『サハリン棄民　戦後責任の点景』大沼保昭著　中公新書
『外交の力』田中均著　日本経済新聞出版社
『阪神・淡路大震災　救護活動の記録』日本赤十字社
『震災から5年　災害医療の現場から』神戸赤十字病院
『東日本大震災　救護活動から復興支援までの全記録』日本赤十字社
『東日本大震災復興支援事業　総括報告書』日本赤十字社
『東日本大震災 石巻災害医療の全記録』石井正著　講談社ブルーバックス

論文など

「西南戦争の傷病者救護と博愛社」喜多義人　『日本法學』第84巻第2号（２０１８年）
「バングラ・デシュ派遣　日赤代表・医療班活動報告」日本赤十字社（１９７２年）
「ベトナム難民援護事業記録」日本赤十字社（１９９５年）
「日本人配偶者（日本人妻）故郷訪問事業における人道をめぐる諸問題について」五十嵐清　『人道研究ジャーナル』第3巻（２０１４年）
「人道とアイデンティティ戦争　宗教の壁を超える赤十字の視点から」井上忠男　『国際哲学研究』第6号（２

017年）

新聞・雑誌など

「私の履歴書　日本ゴルフ協会会長 細川護貞氏」日本経済新聞（1990年）
「私の履歴書　元首相 細川護熙氏」日本経済新聞（2010年）
「カトマンズの鹿鳴館」近衛忠煇『文藝春秋』第46巻4号（1968年）
「赤十字新聞」日本赤十字社

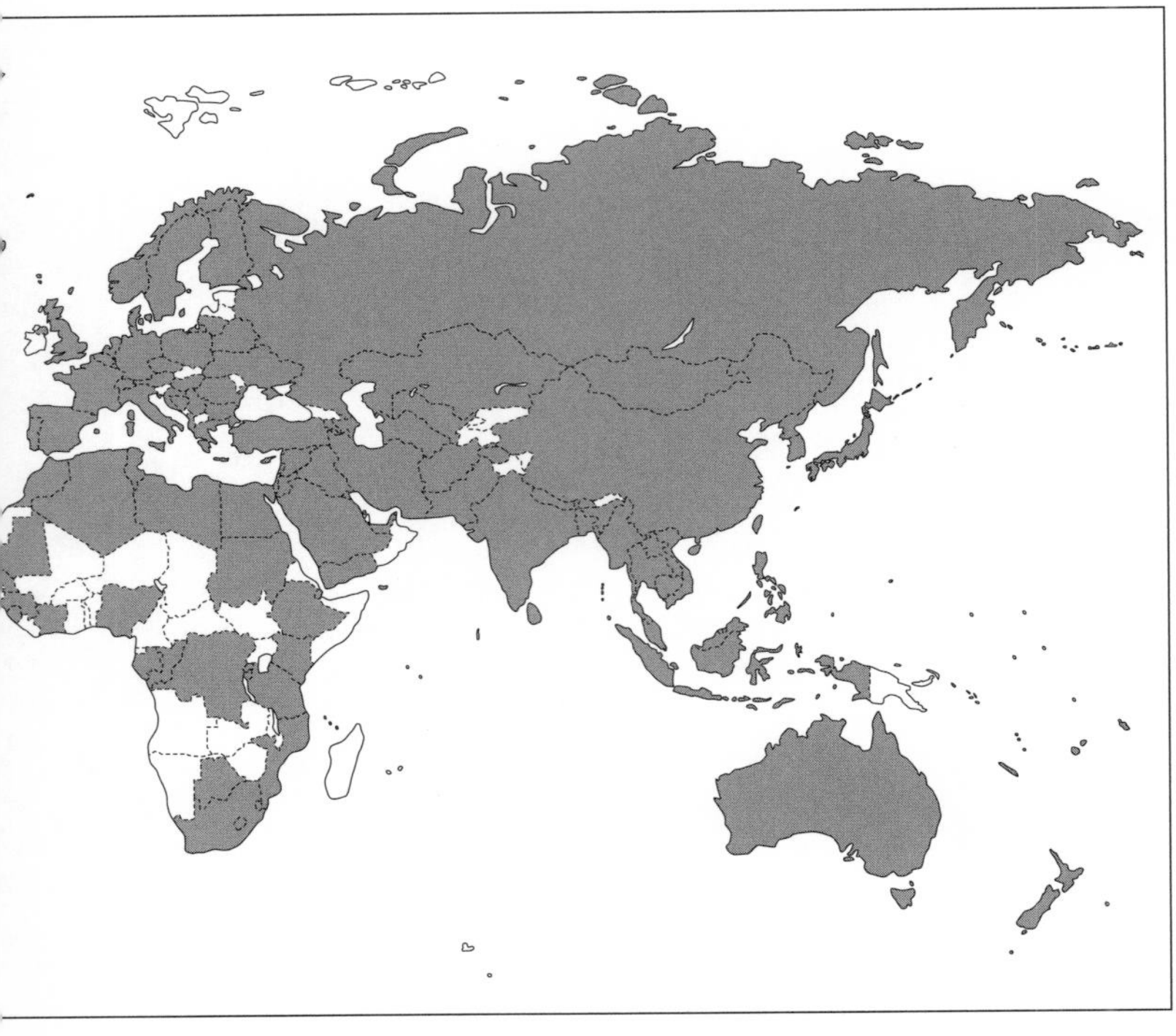

スリランカ、セネガル、セルビア、タイ、台湾、タンザニア、チェコ、中国、チュニジア、チリ、デンマーク、ドイツ、ドミニカ共和国、トリニダード・トバゴ、トルクメニスタン、トルコ、ナイジェリア、ニュージーランド、ネパール、ノルウェー、ハイチ、パキスタン、パナマ、パレスチナ自治区、ハンガリー、バングラデシュ、東ティモール、フィジー、フィリピン、フィンランド、フランス、ブルガリア、ブルンジ、ベトナム、ベラルーシ、ペルー、ベルギー、ボスニア・ヘルツェゴビナ、ボツワナ、ポーランド、ポルトガル、マレーシア、南アフリカ共和国、ミャンマー、メキシコ、モーリタニア、モザンビーク、モナコ、モロッコ、モンゴル、ヨルダン、ラオス、リトアニア、リビア、ルーマニア、ルクセンブルク、レソト、レバノン、ロシア（114の国と地域）

日本赤十字社入社後に訪れた国と地域

アイスランド、アゼルバイジャン、アフガニスタン、アメリカ、アラブ首長国連邦、アルジェリア、アルゼンチン、アルバニア、アルメニア、イエメン、イギリス、イスラエル、イタリア、イラク、イラン、インド、インドネシア、ウクライナ、ウズベキスタン、エクアドル、エジプト、エスワティニ、エチオピア、エルサルバドル、オーストラリア、オーストリア、オランダ、ガイアナ、カザフスタン、カナダ、ガボン、韓国、カンボジア、北朝鮮、ギニア、ギリシャ、グアテマラ、クロアチア、ケニア、コートジボワール、コソボ、コモロ、コロンビア、コンゴ共和国、コンゴ民主共和国、サウジアラビア、サモア、サンマリノ、シエラレオネ、シリア、シンガポール、スイス、スウェーデン、スーダン、スペイン、

本書関連年表

時代	年次	近衛忠煇	日本赤十字社と日本の動き	国際赤十字と海外の動き
江戸時代	１８２８年			アンリー・デュナンがスイスのジュネーブで誕生
	１８５９年			アンリー・デュナンがソルフェリーノの戦場で傷病兵を敵味方の区別なく救護
	１８６２年			アンリー・デュナンが『ソルフェリーノの思い出』を出版
	１８６３年			アンリー・デュナンらスイス人５人が五人委員会を結成
	１８６４年			最初のジュネーブ条約（赤十字条約）成立
	１８６７年		佐野常民がパリ万国博覧会で赤十字館を見聞	第１回赤十字国際会議
明治時代	１８６８年		明治政府樹立	
	１８７５年			五人委員会を赤十字国際委員会（以下、ＩＣＲＣ）に改称
	１８７７年		西南戦争、博愛社設立	
	１８８３年	祖父細川護立誕生		

年			
1884年	近衞家が公爵、細川家が侯爵に列せられる		
1886年		日本政府がジュネーブ条約加入 博愛社病院開設【初の赤十字病院】	
1887年		博愛社が日本赤十字社（以下、日赤）に改称 ＩＣＲＣから国際赤十字への加盟を承認される 日赤篤志看護婦人会発足【初の赤十字ボランティア】	
1888年		磐梯山噴火災害で救護【初の災害救護】	
1890年		トルコ軍艦遭難事故で救援【初の国際救援】、看護婦育成開始	
1891年		濃尾地震で看護婦派遣	
1894年		日清戦争で戦時救護（～95年）	
1901年		日赤を社団法人に認可	アンリー・デュナンが第1回ノーベル平和賞受賞
1904年		日露戦争で戦時救護（～05年）	
大正時代			
1912年	父細川護貞誕生	皇后陛下からＩＣＲＣに平時事業奨励基金（のちの昭憲皇太后基金）ご下賜	

時代	年次	近衛忠煇	日本赤十字社と日本の動き	国際赤十字と海外の動き
大正時代	1914年		第1次大戦で戦時救護（～16年）	第1次大戦（～18年）
	1917年			ICRCがノーベル平和賞受賞 ロシア革命
	1919年			米英仏伊日が五社委員会を結成 赤十字社連盟設立
	1920年		第1回フローレンス・ナイチンゲール記章で日赤看護婦受章 ポーランド孤児帰還支援	国際連盟設立
	1922年		少年赤十字事業開始【初の青少年赤十字】	
	1923年		関東大震災で救護	
昭和時代	1937年	細川護貞が近衛文麿の次女温子と結婚、第1次近衛内閣	日中戦争から第2次大戦で戦時救護（～45年）	
	1938年	近衛家が陽明文庫を設立		
	1939年	近衛忠煇誕生（当時は細川護煇）		第2次大戦（～45年）
	1940年	細川護貞が第2次近衛内閣で首相秘書官に、母細川温子死去		
	1941年	第3次近衛内閣退陣 細川護貞が首相秘書官辞職		

1944年	三笠宮家第一女子甯子内親王殿下誕生		ICRCがノーベル平和賞受賞
1945年	細川護貞が松井薫子と再婚 近衛文麿自決	広島・長崎原爆被災者救護 終戦	国際連合設立
1946年		日本国憲法公布 日赤の再建整備開始	
1948年	清泉女学院小学校へ転校		イスラエル建国宣言 第1次中東戦争
1949年			ジュネーブ4条約の成立、北大西洋条約機構（NATO）結成
1950年	細川家が永青文庫を設立		朝鮮戦争（～53年）
1952年	栄光学園中学入学	サンフランシスコ講和条約発効 日本赤十字社法制定（日赤を認可法人に認可） 日赤血液銀行東京業務所開設	
1953年		中国・ソ連の残留邦人引揚支援開始	
1955年	栄光学園高校入学		ワルシャワ条約機構結成
1956年	伯父近衛文隆死去	日本が国連加盟 北朝鮮の残留邦人引揚支援開始	第2次中東戦争
1958年	栄光学園高校卒業、学習院大学政治経済学部入学	日赤長崎原爆病院開設	

昭和時代

年次	近衛忠煇	日本赤十字社と日本の動き	国際赤十字と海外の動き
１９５９年		伊勢湾台風で救護 在日朝鮮人帰還事業開始 在日朝鮮人帰還問題について朝鮮赤十字会と会談	キューバ革命
１９６０年	細川家の松聲閣と周辺の庭園を東京都に売却	赤十字愛の献血運動開始 コンゴ動乱で医療班派遣	
１９６２年	学習院大学卒業、英国留学へ		キューバ危機
１９６３年	ジュネーブで赤十字１００周年記念祝典に参加	東南アジア巡回診療開始	国際赤十字１００周年会議開催 ＩＣＲＣと赤十字社連盟がノーベル平和賞同時受賞 ケネディ米大統領暗殺
１９６４年	英国留学を終え、大陸旅行を経て帰国 日赤に嘱託として入社	全国の血液銀行を血液センターに改称 東京パラリンピックで語学奉仕団が活動 新潟地震で救護	
１９６５年	近衛家の養子に（忠煇と改名） 日赤正職員 甯子内親王殿下と婚約	第1回献血運動推進全国大会	第20回赤十字国際会議で赤十字基本原則宣言を採択 ベトナム戦争激化（〜75年）
１９６６年	日本青年海外派遣団に参加 甯子内親王殿下と結婚	学校法人日本赤十字学園を認可	

1967年	夫婦で米占領下の沖縄を訪問	米占領下の沖縄赤十字社に救急車寄贈	第3次中東戦争
1968年	夫婦でメキシコ五輪開会式に出席	ビアフラ紛争難民支援、ベトナムやタイなどに粉ミルク寄贈、ネパールに救急車寄贈	
1970年	長男近衞忠大誕生 祖父細川護立死去	よど号ハイジャック事件 こんにちは'70を開催	
1971年		アフガニスタンに救急車寄贈 東パキスタン・カンボジア難民救援 在日朝鮮人帰還事業再開	
1972年	祖母細川博子死去 ジュネーブの赤十字社連盟に出向（～75年）	日赤の橋本祐子が第2回アンリ・デュナン記章受章 沖縄本土復帰で沖縄赤十字社が日赤沖縄県支部に バングラデシュのサイクロン災害で救援	
1975年		はたちの献血キャンペーン開始 ベトナム難民救援開始	ベトナム戦争でサイゴン陥落 インドシナ難民の大量流出
1976年	帰国、日赤外事部第二課長	日赤本社新社屋竣工	
1977年		日赤創立100周年 ベトナム難民受け入れ開始	ジュネーブ諸条約追加議定書の成立
1979年		カンボジア難民救援開始	

年次	近衛忠煇	日本赤十字社と日本の動き	国際赤十字と海外の動き
昭和時代			
1980年	裁判所の許可を得て戸籍も忠煇に変更、祖母近衞千代子死去		イラン・イラク戦争
1981年	ジュネーブの赤十字社連盟に出向、災害対策部長（～85年）		
1982年		ホテルニュージャパン火災で救護	
1983年	兄細川護熙が熊本県知事に	第1回NHK海外たすけあい ネパール飲料水供給事業開始	赤十字社連盟から赤十字・赤新月社連盟に改称
1985年	帰国、日赤外事部次長	御巣鷹山日航機墜落事故で救護	
1986年		ベトちゃんドクちゃんを日赤で集中治療 三原山大噴火災害で救護 チェルノブイリ原発事故で救援	ソ連チェルノブイリ原発事故
1987年		第1回赤十字シンポジウム	
1988年	日赤社会部長兼外事部長	ベトちゃんドクちゃん分離手術に医師派遣 台湾人元日本兵らに対する弔慰金等支給事業開始	

平成時代

年			
１９８９年	日赤外事部長	昭和天皇崩御、明仁天皇陛下即位 美智子皇后陛下を名誉総裁に推戴 サハリン在留韓国人支援共同事業	天安門事件 ベルリンの壁崩壊
１９９０年		ロシア人道危機で支援	湾岸危機
１９９１年	日赤副社長、日赤学園理事長を兼任	雲仙普賢岳噴火災害で救護 シリアへ医療班派遣	赤十字・赤新月社連盟から国際赤十字・赤新月社連盟（以下、ＩＦＲＣ）に改称 ソ連崩壊、ユーゴ紛争、湾岸戦争
１９９３年	細川護熙が総理大臣に	北海道南西沖地震で救護	
１９９５年		阪神・淡路大震災 地下鉄サリン事件で救護	
１９９６年		ペルー日本大使公邸人質事件で救護班派遣	タリバンがアフガニスタン首都カブール制圧
１９９７年		日赤創立１２０周年 第１回日朝赤十字会談 在北朝鮮日本人妻の里帰り支援	
２０００年		北海道有珠山噴火災害、三宅島噴火災害で救護	
２００１年		インド、エルサルバドル、ペルーの地震で救援	米国同時多発テロ

平成時代

年次	近衛忠煇	日本赤十字社と日本の動き	国際赤十字と海外の動き
2002年		日朝首脳会談、日本人行方不明者5人帰国	
2004年		新潟県中越地震で救護	
2005年	父細川護貞死去 日赤社長就任 IFRC副会長就任	愛知万博に国際赤十字・赤新月パビリオン出展 スマトラ島沖地震津波災害で救援	ジュネーブ条約第3追加議定書成立
2006年	継母細川薫子死去		イスラエルのダビデの赤盾社がIFRCに加盟
2007年		能登半島地震、新潟県中越沖地震で救護	
2008年		岩手・宮城内陸地震で救護 ミャンマーのサイクロン災害、中国大地震で救援	
2009年	IFRC会長就任（1期目）		
2010年		ハイチ大地震、チリ大地震で救援	
2011年		東日本大震災で救護	シリア内戦
2013年	IFRC会長再選（2期目）		
2014年		広島土砂災害、御嶽山噴火災害で救護、エボラ出血熱で救援	西アフリカでエボラ出血熱の感染拡大

時代	年			
	２０１５年			ＩＣＲＣマウラー総裁とＩＦＲＣ近衛会長が広島の原爆慰霊碑に献花
	２０１６年	三笠宮崇仁親王殿下薨去	熊本地震で救護	
	２０１７年	養母近衛正子死去 ＩＦＲＣ会長退任 急性大動脈解離で緊急手術	九州北部豪雨災害で救護	核兵器禁止条約採択 ＩＣＲＣマウラー総裁とＩＦＲＣ近衛会長が原爆の日に共同声明発表、ＩＦＲＣのボランティア憲章制定
	２０１８年	旭日大綬章受章	西日本豪雨災害、北海道胆振東部地震で救護	
令和時代	２０１９年	日赤社長退任、名誉社長に	明仁天皇陛下退位、徳仁天皇陛下即位 雅子皇后陛下を名誉総裁に推戴	
	２０２０年		新型コロナウイルス感染症対応	新型コロナウイルス感染症のパンデミック
	２０２２年	第26回アンリー・デュナン記章受章	ウクライナ人道危機で救援	ロシアによるウクライナ侵攻
	２０２３年		イスラエル、ガザ人道危機で救援	パレスチナとイスラエルの武力衝突
	２０２４年		能登半島地震で救護	

※本書に関連する主な動きのみ。国名や地名は当時のもの

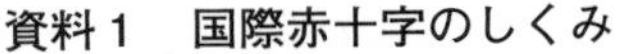

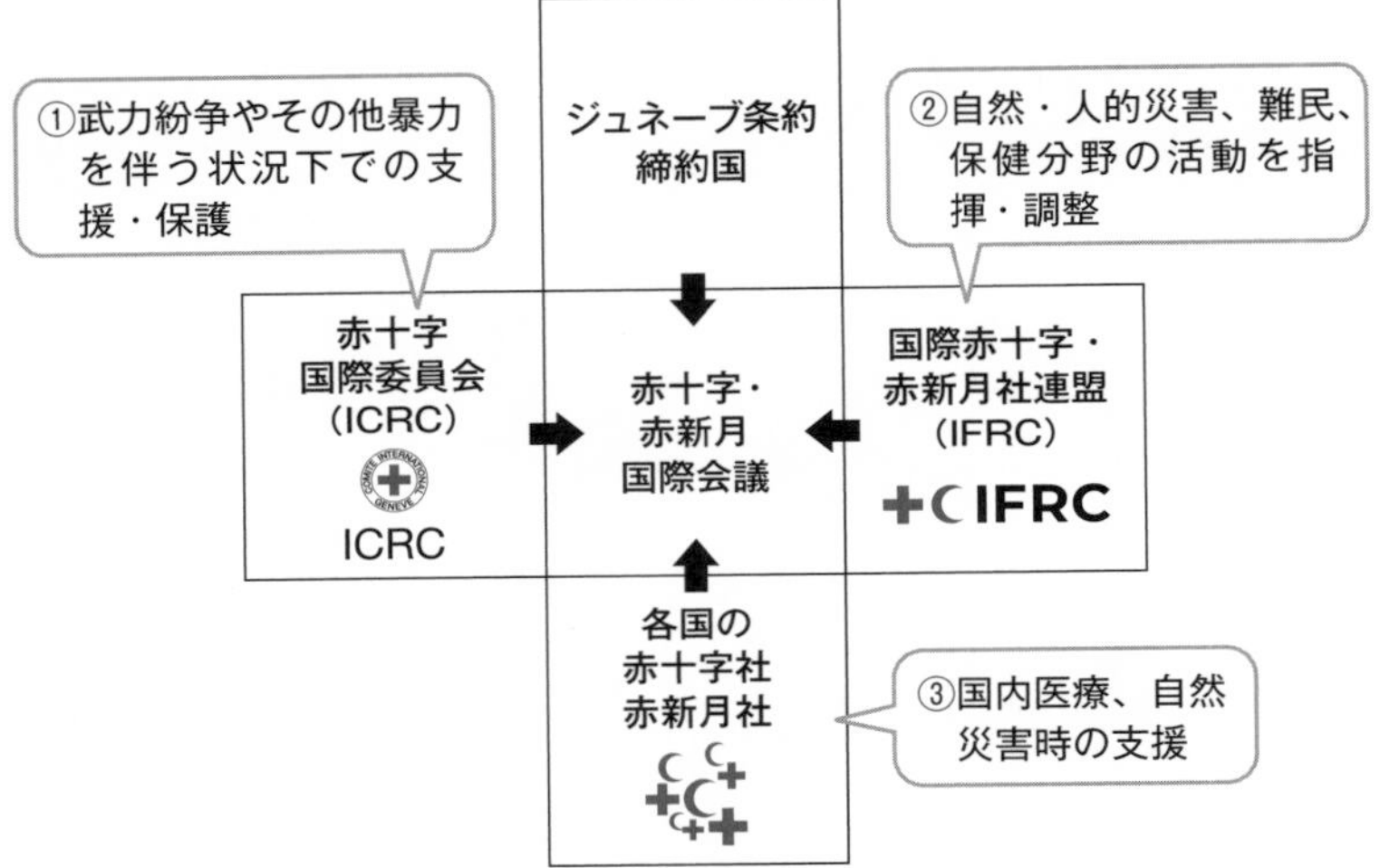

①紛争地域での災害・医療支援の主導機関となり、赤十字運動のパートナー機関と連携して任務にあたる。避難民への緊急物資の配付や、離散家族の追跡調査、医療サービスの提供などに加え、国際人道法や赤十字規約の普及にも取り組む。

②各国の赤十字社、赤新月社の連合体。自然災害や移民問題、保健・福祉分野などの諸問題に、各社の支援や人材育成を通じて世界規模で取り組む。世界最大の人道支援ネットワークを有し、約1200万人のボランティアが常時さまざまな活動に携わる。

③世界191の国と地域に存在する（2020年11月現在）。各社は、国内で医療や福祉、教育、自然災害など、平時の人間の尊厳を保つための活動を展開している。

資料２　国際赤十字の主要な会議

赤十字の活動は、赤十字に関する諸条約及び赤十字の基本原則に基づき、ICRC、IFRC、及び各国赤十字・赤新月社の相互の協力体制のもとで実施されている。この国際赤十字・赤新月運動の方針を決定する重要な会議として、次の３つが定期的に開催されている。

１）赤十字・赤新月国際会議（４年ごとに開催）：
ICRC、連盟及び赤十字・赤新月社の各国代表に加え、ジュネーブ諸条約締約国政府の代表が参加する国際赤十字・赤新月運動の最高議決機関

２）国際赤十字・赤新月運動代表者会議（２年ごとに開催）：
連盟、各国赤十字・赤新月社、ICRCの代表が赤十字運動の共通課題を議論する会議

３）国際赤十字・赤新月社連盟総会（２年ごとに開催）：
連盟及び赤十字・赤新月社の各国代表で構成される、連盟の最高決定機関

資料３　赤十字の標章

赤十字

赤新月

レッドクリスタル

赤十字マークは、戦争や紛争などで傷ついた人々と、その人たちを救護する軍の衛生部隊や赤十字の救護員・施設等を攻撃から守るために使用（表示）する。紛争地域等でこの「赤十字マーク」を掲げている病院や救護員などには、絶対に攻撃を加えてはならない。これはジュネーブ条約によって厳格に定められている。

資料4　赤十字の７原則

1965年にオーストリア・ウィーンで開催された第20回赤十字国際会議において「国際赤十字・赤新月運動の基本原則」（赤十字基本７原則）が決議され、宣言された。

【人道】

国際赤十字・赤新月運動（以下、赤十字・赤新月）は、戦場において差別なく負傷者に救護を与えたいという願いから生まれ、あらゆる状況下において人間の苦痛を予防し軽減することに、国際的および国内的に努力する。その目的は生命と健康を守り、人間の尊厳を確保することにある。赤十字・赤新月は、すべての国民間の相互理解、友情、協力、および堅固な平和を助長する。

【公平】

赤十字・赤新月は、国籍、人種、宗教、社会的地位または政治上の意見によるいかなる差別をもしない。赤十字・赤新月はただ苦痛の度合いにしたがって個人を救うことに努め、その場合もっとも急を要する困苦をまっさきに取り扱う。

【中立】

すべての人からいつも信頼を受けるために、赤十字・赤新月は、戦闘行為の時いずれの側にも加わることを控え、いかなる場合にも政治的、人種的、宗教的または思想的性格の紛争には参加しない。

【独立】

赤十字・赤新月は独立である。各国の赤十字社、赤新月社は、その国の政府の人道的事業の補助者であり、その国の法律に従うが、常に赤十字・赤新月の諸原則に従って行動できるよう、その自主性を保たなければならない。

【奉仕】

赤十字・赤新月は、利益を求めない奉仕的救護組織である。

【単一】

いかなる国にもただ一つの赤十字社あるいは赤新月社しかありえない。赤十字社、赤新月社は、すべての人に門戸を開き、その国の全領土にわたって人道的事業を行わなければならない。

【世界性】

赤十字・赤新月は世界的機構であり、その中においてすべての赤十字社、赤新月社は同等の権利を持ち、相互援助の義務を持つ。

資料５　ジュネーブ条約について

アンリー・デュナンの人道精神に基づき、1863年に赤十字国際委員会（ICRC）の前身となる「五人委員会」が成立すると、翌年、スイス・ジュネーブで開催された外交会議において、陸戦における傷病兵の保護を定めた最初のジュネーブ条約が結ばれた。以後、発展を続け、現在では、民間人の保護も加えた４つの条約と３つの追加議定書から成る世界共通のルールとなっている。

第１条約：
「戦地にある軍隊の傷者および病者の状態の改善に関する1949年８月12日のジュネーブ条約」（陸の条約）

第２条約：
「海上にある軍隊の傷者、病者および難船者の状態の改善に関する1949年８月12日のジュネーブ条約」（海の条約）

第３条約：
「捕虜の待遇に関する1949年８月12日のジュネーブ条約」（捕虜の条約）

第４条約：
「戦時における文民の保護に関する1949年８月12日のジュネーブ条約」（文民保護の条約）

第１追加議定書（1977年）：
「国際的武力紛争の犠牲者の保護に関し1949年８月12日のジュネーブ諸条約に追加される議定書」　日本は2004年に加入承認

第２追加議定書（1977年）：
「非国際的武力紛争の犠牲者の保護に関し1949年８月12日のジュネーブ諸条約に追加される議定書」　日本は2004年に加入承認

第３追加議定書（2005年）：
「1949年８月12日のジュネーブ諸条約および追加の特殊標章の採択に関する第３追加議定書」　日本は未承認

資料６　日本赤十字社の組織概要

1. 沿　革

明治10年（1877）５月１日　博愛社設立
明治20年（1887）５月20日　日本赤十字社に改称
昭和27年（1952）８月14日　日本赤十字社法制定

2. 名誉総裁・名誉副総裁

名誉総裁　皇　后　陛　下
名誉副総裁　秋篠宮皇嗣妃殿下
常陸宮殿下・同妃華子殿下
三笠宮妃百合子殿下　寬仁親王妃信子殿下
高円宮妃久子殿下

3. 会　員（2023年３月31日現在）

個人　20.1万人
法人　8.1万法人

4. 評議員　2,004人

5. 代議員　223人

6. 役　員

社　長　清家　篤（常勤）
副社長　鈴木　俊彦（常勤）　十倉　雅和（非常勤）
理　事　61人（常勤５人、非常勤56人）
監　事　3人（常勤１人、非常勤２人）

7. 青少年赤十字（2023年３月31日現在）

幼稚園・保育所等	1,780校	147,304人
小学校	7,099校	1,947,234人
中学校	3,459校	973,227人
高等学校	1,753校	370,874人
特別支援学校	210校	20,279人
その他	137校	35,237人
計	14,438校	3,494,155人
指導者	288,355人	

8. 赤十字ボランティア（2023年３月31日現在）

地域赤十字奉仕団	2,088団	806,027人
青年赤十字奉仕団	150団	5,111人
特殊赤十字奉仕団	622団	28,566人
個人ボランティア等	—	11,130人
計	2,860団	850,834人

9. 救急法等の講習

資格登録者数（2023年３月31日現在）			受講者数（2022年度）
	指導者	救急員等	
救急法基礎講習	10,765人	273,336人	33,611人
救急法	6,827人	148,147人	262,265人
水上安全法	1,465人	11,361人	30,167人
雪上安全法	203人	1,220人	367人
幼児安全法	2,270人	21,988人	46,386人
健康生活支援講習	1,709人	15,349人	30,059人
計	23,239人	471,401人	402,855人

10. 看護師等の教育

施設数	
大学（大学院併設）	6
短期大学	1
看護専門学校	10
助産師学校	1
幹部看護師研修センター	1
計	19

一学年養成定員		
看護師	16校	1,145人
助産師	6校	88人
保健師	6校	149人
幹部看護師	1校	120人
介護福祉士	1校	30人

11. 国際活動

国際救援・開発要員派遣（2022年度）	16カ国　のべ61人
国際赤十字・赤新月社連盟出向	2人（スイス、マレーシア）
国際活動費（2022年度）	78億円

12. 国内災害救護

救護員数		8,077人（常備救護班要員を含む）
常備救護班	487班	5,231人
無線局	（2023年３月31日現在）	3,130局
救護車両		2,206台
赤十字飛行隊（特殊奉仕団）		99人
災害における救護員出動数（2022年度）		244人
救援物資配分数（毛布・安眠セット・緊急セット）（2022年度）		11,314個
2022年度受付義援金額（2023年３月31日現在）		６億2,424万3,358円

13. 医 療 事 業

施　設　数			
病　　院	91	診　療　所	5
		老人保健施設	4
		介 護 医 療 院	5
病床総数		34,777床（2023年３月31日現在）	
総患者数（2022年度）			１日平均
入　　院		951万人	2.6万人
外　　来		1,600万人	6.5万人

14. 血 液 事 業

施　設　数			
地域血液センター	47	ブロック血液センター	7
附属施設（献血ルーム116を含む）	169	附属施設（製造所）	4
		分室	1
献血者数（2022年度）		供給本数（2022年度）	
成 分 献 血	158万人	輸血用製剤	1,724万本
400mℓ献血	330万人	車両台数（2023年３月31日現在）	
200mℓ献血	12万人	献血運搬車	769台
計	501万人	移動採血車	282台

15. 社会福祉事業

児童福祉施設数（定員）			
乳児院	8（291）	医療型障害児入所施設	3（286）
保育所	3（348）		
児童養護施設	1　（40）		
老人福祉施設数（定員）			
特別養護老人ホーム（併設ケアハウス20人を含む）			8（773）
障害者福祉施設数（定員）		複合型施設	1（定員）
障害者支援施設	1　（50）	特別養護老人ホーム	（110）
視聴覚障害者情報提供施設	2	介護老人保健施設	（100）
補装具製作施設	1	高齢者グループホーム	（18）
		障害者支援施設	（10）

16. 職員数（施設数）

	職員数
本社（1）	538人
支部（47）	721人
医療事業（116）	59,091人
血液事業（228）	5,819人
社会福祉事業（28）	1,234人
計	67,403人

17. 会　計（2023年度当初予算）

一般会計	本社	147億8千万円
	支部	211億8千万円
医療施設特別会計		1兆1,940億7千万円
血液事業特別会計		1,630億2千万円
社会福祉施設特別会計		159億4千万円

（特に断りのない統計数字等は、2023年4月1日現在）

資料７　日本赤十字社の組織

（2023年４月現在）

会　員

評議員会（評議員）

代議員会（代議員）

社長・副社長・理事・監事 ― 理事会・常任理事会・執行会議

本　社

- 広報室
- 総務局
  総務企画部、人事部、財政部等
- 事業局
  パートナーシップ推進部、救護・福祉部、国際部等
- 医療事業推進本部
- 血液事業本部
- 監査室

各都道府県支部

災害救護・国際活動・講習事業
青少年赤十字事業・赤十字奉仕団等
○支部事務局

医療事業
○病院　○診療所　○健康管理センター
○介護老人保健施設　○介護医療院

看護師等の養成
○看護大学・大学院（学校法人 日本赤十字学園）
○短期大学（学校法人 日本赤十字学園）
○幹部看護師研修センター
○助産師学校　○看護専門学校

社会福祉事業
○乳児院　○保育所　○児童養護施設
○医療型障害児入所施設
○特別養護老人ホーム
○軽費老人ホーム（ケアハウス）
○障害者支援施設　○補装具製作施設
○視聴覚障害者情報提供施設
○複合型施設

血液事業
○ブロック血液センター
○地域血液センター
○附属施設（献血ルーム、供給出張所等）

※一部、本社直轄施設を含みます。

地区・分区

【会員】

日本赤十字社の目的に賛同し、会費として年額2,000円以上の協力をし、運営に参画する個人または法人を会員とする

【評議員・評議員会】

評議員会は、支部の区域内における会員の中から選出された評議員をもって構成され、支部の重要な業務について審議し、支部長の諮問に答えるほか、代議員、支部長、副支部長および監査委員の選出を行う

【代議員・代議員会】

代議員会は、日本赤十字社の最高議決機関で、会員の中から選ばれた代議員により構成される。この代議員会で、社長、副社長、理事および監事の選出並びに事業計画、予算・決算等の審議や決定を行う

【理事会・常任理事会】

理事会は、社長、副社長および代議員会において選出された理事により構成され、代議員会に付議する事項や諸規程の制定や改廃など、本社の重要な業務の執行について審議する

【地区・分区】

地区・分区は、主に市区町村単位で設置される。その活動は日本赤十字社各都道府県支部と連携した会費・寄付金の募集、義援金・救援金の受付、日本赤十字社が展開する災害救援活動の支援や救援物資の保管・管理、地域ボランティアや青少年赤十字加盟校の育成援助などを推進する

資料８　歴代の日本赤十字社社長

	氏　名	在 任 期 間	主 な 前 歴
初　代	佐野　常民	1887. 5. 24～1902.12. 7	元老院議長、枢密顧問官
第２代	松方　正義	1903. 1. 17～1912.12.30	総理大臣、大蔵大臣
第３代	花房　義質	1912.12.30～1917. 2. 21	日赤副社長、外交官
第４代	石黒　忠悳	1917. 2. 21～1920. 9. 4	陸軍軍医総監
第５代	平山　成信	1920. 9. 4 ～1929. 9. 25	日赤副社長、外交官
第６代	徳川　家達	1929.11. 2 ～1940. 6. 5	貴族院議長
第７代	徳川　圀順	1940. 6. 25～1946. 7. 19	日赤副社長
第８代	島津　忠承	1946. 7. 19～1965. 2. 13	日赤副社長
第９代	川西　実三	1965. 2. 13～1968. 2. 13	内務官僚、東京都知事
第10代	東　龍太郎	1968. 3. 15～1978. 3. 31	東大教授、東京都知事
第11代	林　敬三	1978. 4. 1 ～1987. 3. 31	鳥取県知事、宮内庁次長
第12代	山本　正淑	1987. 4. 1 ～1996. 3. 31	厚生次官
第13代	藤森　昭一	1996. 4. 1 ～2005. 3. 31	内閣官房副長官、宮内庁長官
第14代	近衛　忠煇	2005. 4. 1 ～2019. 6. 30	日赤副社長
第15代	大塚　義治	2019. 7. 1 ～2022. 6. 30	日赤副社長、厚生労働事務次官
第16代	清家　篤	2022. 7. 1 ～	慶應義塾長

（2024年３月31日現在）

資料９　歴代の国際赤十字・赤新月社連盟会長

	氏　　名		在任期間	出身国
初　代	ヘンリー・ポメロイ・デイビソン	Henry Pomeroy Davison (Sr.)	1919～1922	アメリカ
第２代	ジョン・バートン・ペイン	John Barton Payne	1922～1935	アメリカ
第３代	ケイリー・トラバース・グレイソン	Cary Travers Grayson	1935～1938	アメリカ
第４代	ノーマン・デービス	Norman Davis	1938～1944	アメリカ
第５代	ジャン・ド・ミュラルト	Jean de Muralt	1944～1945	スイス
第６代	バジル・オコーナー	Basil O'Connor	1945～1950	アメリカ
第７代	エミル・サンドストローム	Emil Sandström	1950～1959	スウェーデン
第８代	ジョン・マッコーレー	John MacAulay	1959～1965	カナダ
第９代	ホセ・バロッソ・チャベス	José Barroso Chávez	1965～1977	メキシコ
第10代	ジョセフ・アデファラシン	Joseph Adefarasin	1977～1981	ナイジェリア
第11代	エンリケ・デ・ラ・マータ	Enrique de la Mata	1981～1987	スペイン
第12代	マリオ・エンリケ・ビラロエル・ランダー	Mario Enrique Villarroel Lander	1987～1997	ベネズエラ
第13代	アストリッド・ノクルバイ・ハイバーグ	Astrid Nøklebye Heiberg	1997～2000	ノルウェー
第14代	ファン・マニュエル・スアレス・デルトロ・リベーロ	Juan Manuel Suárez Del Toro Rivero	2001～2009	スペイン
第15代	近衛忠煇	Tadateru Konoé	2009～2017	日本
第16代	フランチェスコ・ロッカ	Francesco Rocca	2017～2023	イタリア
第17代	ケイト・フォーブス	Kate Forbes	2023～	アメリカ

（2024年３月31日現在）

写真提供

細川護熙氏
口絵 p1（上）／p15／p28／p30／p46

近衞忠煇氏
口絵 p1（下）／口絵 p2（上）／p18／p65／p78／p91／p109／p114／p123／p129／p134／p147

読売新聞社
口絵 p2（下）／p93／p180／p205／p275

日本赤十字社
口絵 p3（上）（下）／口絵 p4（上）／p152／p154／p163／p170／p173／p187／p190／p192／p217／p218／p226／p235／p249／p251／p262／p271／p276

公益財団法人和敬塾
p33

ICRC ARCHIVES, (V-P-CH-E-00146), Photographer: ZBINDEN, JEAN, 01/09/1963, Geneva. Centenary of the Red Cross. Procession.
p57

Dr.CV Chen
p184

Diario Oficial El Peruano
p197

Saudi Press Agency
p237

IFRC
p238／p267

聞き手・構成　沖村　豪

初出　『読売新聞』「時代の証言者　ぶれない人道主義　近衞忠煇」（２０２２年11月30日～２０２３年1月18日掲載）に大幅加筆のうえ、再構成しました。

装　幀　岡本洋平
（岡本デザイン室）
地図作成　明昌堂

近衛忠煇
Tadateru Konoe

1939年東京生まれ。学習院大学卒業後、ロンドン・スクール・オブ・エコノミクスに2年間留学。1964年日本赤十字社入社。2005～2019年日本赤十字社社長。2009～2017年国際赤十字・赤新月社連盟会長を兼務。2022年、長年にわたる人道支援活動の功績が国際的に認められ、個人に贈られる国際赤十字・赤新月運動における最高位の褒賞アンリー・デュナン記章受章。日本赤十字社名誉社長。近衛家31代当主。

沖村 豪
Takeshi Okimura

1967年栃木県生まれ。中央大学法学部法律学科卒業。90年にプラントエンジニアリング大手日揮入社。93年に読売新聞東京本社入社。横浜支局、社会部、東北総局、西部本社社会部、ロンドン・スクール・オブ・エコノミクス客員研究員を経て、2014年から東京本社社会部編集委員。皇室にかかわるテーマを中心に取材執筆。

近衛忠煇　人道に生きる

2024年5月8日　初版発行

著　者　近衛忠煇
　　　　沖村　豪

発行者　安部順一

発行所　中央公論新社
〒100-8152　東京都千代田区大手町1-7-1
電話　販売 03-5299-1730　編集 03-5299-1740
URL　https://www.chuko.co.jp/

ＤＴＰ　今井明子
印　刷　図書印刷
製　本　大口製本印刷

Published by CHUOKORON-SHINSHA, INC.
Printed in Japan　ISBN978-4-12-005783-0　C0095

定価はカバーに表示してあります。
落丁本・乱丁本はお手数ですが小社販売部宛にお送りください。
送料小社負担にてお取り替えいたします。